佛说观无量寿佛经

Buddha der Unbegrenzten Langlebigkeit
Visualisierung des Landes Sukhavati

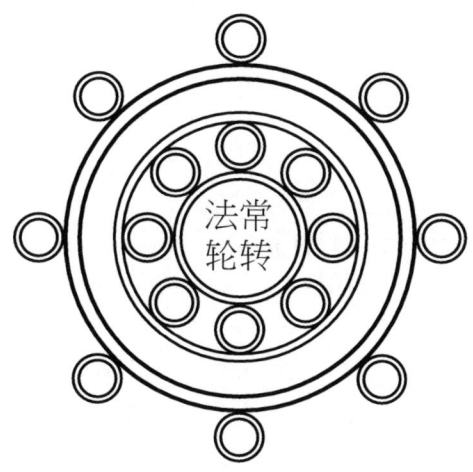

法常
轮转

Chinesisch - Deutsch

Deutsche Übersetzung
von Shay Whar Liu Kroeber

ISBN Nr.   978-3-7497-7036-6 (Paperback)
ISBN Nr.   978-3-7497-7037-3 (Hardcover)
ISBN Nr.   978-3-7497-7038-0 (e-Book)

出版社 ： tredition, Halenreie 40-44, 22359 Hamburg, Germany | www.tredition.de
封面图 ：阿弥陀佛画像下载自慧日寺/传喜法师网站
封面和法轮设计 ： 刘雪华 & Katharina Joanowitsch

谢谢 Brigitte Pönnighaus 协助德文校阅工作。
谢谢 Katharina Joanowitsch 协助封面设计、排版 和校阅。

出版者联络网址 ：刘雪华 kassandraliu@yahoo.de

ISBN Nr.   978-3-7497-7036-6 (Paperback)
ISBN Nr.   978-3-7497-7037-3 (Hardcover)
ISBN Nr.   978-3-7497-7038-0 (e-Book)

Verlag: tredition, Halenreie 40-44, 22359 Hamburg, Deutschland / www.tredition.de
Abbildung Cover: Buddha Amitabha Bildnis
von www.chuanxi.com.cn /hui-ri Kloster
CoverDesign & Rad des Dharma: Katharina Joanowitsch, Shay Whar Liu Kroeber

Ich danke Brigitte Pönnighaus fürs Korrektur-Lesen in deutscher Übersetzung, und Katharina
Joanowitsch für die Bearbeitung für Cover, Layout, Satz und Korrektur-Lesen.

Herausgeberin: Shay Whar Liu Kroeber
E-Mail: kassandraliu@yahoo.de

前 言 一

佛说观无量寿佛经是由三藏法师畺良耶舍（383-442）从梵文翻译成中文。法师原是西域人，于刘宋文帝元年（424）从西域赴当时的国都建康。 文帝对他赞赏有加，特许他居钟山道林精舍说法和译经。法师三藏兼明而以禅门专业，性刚直寡欲。元嘉十九年西游岷蜀弘法，后于江陵圆寂。

这本经典中，佛陀详细地介绍了如何观想西方极乐世界的学习和居住环境，比如花草树林、庭台楼阁、池水莲花、飞鸟音乐， 和居住在那里众生，以及阿弥陀佛、观世音菩萨、大势至菩萨，还有其他菩萨们和无以计数从别的世界去往生者，而且阐明了我们平常地球人想去往生的条件。

西方极乐世界像座宇宙中的高等学府，那里的居住和学习环境是天堂似的校园，唯一的学科是修行成佛，阿弥陀佛是校长，观世音菩萨和大势至菩萨是大教授，还有其他菩萨是副教授，应机教学。 能生到西方世界的修行人都是学子，一心学习如何成佛。

观经中讲的是转障之秘术，生净土之洪因。能帮助我们如何以正确的观想方法消除业障， 进而得到身心安泰。基于这样的理念我恭敬地把它翻译成德文，以供大家参考。此书的左页是当今中外通用的简字中文，字下面有拼音，右页是对照的德文翻译。

祝福读者法喜充满！三宝弟子 纱福 合十
西元两千零一十九年十月于 德国汉堡

Vorwort I

Das Sutra „Buddha der Unbegrenzten Langlebigkeit – Visualisierung des Landes Sukhavati" wurde von Tripitaka Meister Kalam Yasas (383 – 442) vom Sanskrit ins Chinesische übersetzt.

Im Jahr 424 kam der Meister von Xi-Yu, einer Region westlich von China, in die damalige chinesische Hauptstadt Jian-Kang in der Liu-Song Dynastie zur Wen Kaiser Zeit.

Kaiser Wen schätzte den Meister sehr hoch und erlaubte ihm in der Zhong-Shan Dau-Lin Villa zu wohnen und buddhistisches Dharma zu unterrichten und zu übersetzen.

Der Tripitaka Meister ist ein weiser Man und von Natur aus aufrichtig und ohne zu viel weltliches Verlangen. Er war in Fachgebiet Meditation spezialisiert. Im Jahr Yuan Jia 19 verreiste er in den Südwesten Chinas, um das Dharma zu verbreiten. Später ist er im Süden Chinas in Jiang-Ling gestorben.

In diesem Sutra erläutert Buddha Shakyamuni ausführlich die Meditations-

Techniken und die Welt Sukhavati, zuerst die Lebensumgebung: Die Bäume, die Teiche, die Lotusblumen, die Pavillon, die Wege, die singenden-Vögel, das plätschernde Wasser, die Musik und die Bewohner zu visualisieren.

Dann beschreibt Buddha genau die körperlichen Gestalten von Buddha Amitabha, Bodhisattva Avalokiteshvara, Bodhisattva Mahasthamaprapta, andere Bodhisattvas und die unzähligen Lebewesen, die aus anderen Welten dahin wiedergeboren sind. Außerdem erklärt er noch die Voraussetzungen für uns, wie wir als normale irdische Menschen in jene Welt wiedergeboren werden können.

Die Welt Sukhavati ist wie eine renommierte Excellent-Universität im Universum, die Lern- und Lebensumgebung ist wie ein paradiesischer Campus und das einzige Fachgebiet ist die Kunst zur Erleuchtung.

Buddha Amitabha ist wie der Präsident, Bodhisattva Avalokiteshvara und Bodhisattva Mahasthamaprapta sind die leitenden Professoren und die anderen Bodhisattvas sind die assistierenden Professoren. Die Bewohner bzw. die Praktikanten sind alle Studenten, die nur eins im Sinne haben, lernen und praktizieren, um eines Tages erleuchtet zu werden.

Dieses Sutra zu lernen ist eine ausgezeichnete Methode um unser negatives Karma in positives umzuwandeln und uns von der trüben Welt zu lösen.

Durch korrekte Meditation erreichen wir schon in jetzigem Leben einen friedlichen und gesunden Zustand zu empfinden und erwerben außerdem die Kompetenz, das zukünftige Leben nach unseren eigenen Wünschen besser zu gestalten.

Deshalb habe ich dieses Sutra mit Freude und Respekt übersetzt, sodass die deutschsprachigen Menschen es auch kennerlernen können.

Im Buch steht auf der linken Seite die vereinfachte chinesische Schrift mit Ping-Yin darunter, und die deutsche Übersetzung auf der rechten Seite. Es ist auch für Leute, die chinesische Sprache lernen möchten, sehr interessant.

Ich wünsche allen Lesern viel Freude beim Dharma Lernen!
Shay Whar Liu Kroeber
Oktober 2019 / Hamburg, Deutschland

前 言 二

故事的前因是这样：佛陀在世时，中印度王舍城的频婆娑罗王和王后韦提希久未生子。 韦提希国太夫人害怕失宠便求于外道人士生子之法。有一外道人士言说， 大雪山里有一修道仙人，尚有三年寿命，可请求他命终之后来投胎。 王后派人去求请， 仙人应允了，说道， 三年后我命终，就来投胎。

可是王后危恐自己渐已年老不能生养，就强命仙人舍寿投胎。仙人虽答应了，但心中有怨，下了诅咒， 说道，如今你着急让我舍寿投胎， 来世我长大了将违背你们的意愿，杀了国王，夺王位。仙人舍寿后，韦提希王后真的怀上了孩子，但心中害怕仙人的诅咒，就用吃药、跳山崖、剧烈运动、提重物等各种方法想把胎儿打掉，都没成功。之后韦提希夫人只好把孩子顺利地产下。

依照当时传统请来相师为孩子看相算命。 相师说孩子将来会弑父夺位。 国王心生恐惧而对孩子产生厌恶，将孩子从阁楼往下丢，想将他摔死。孩子却没死，只伤了一根手指。王后心存不忍，留养了下来，取名阿阇世。 王子天生聪明，后来长成英姿武勇的年轻人。 国王和王后也渐渐喜欢他了，还立他为太子。

后来太子阿阇世认识了提婆达多，他虽是佛陀的堂弟却心怀邪恶、嫉恨佛陀的威德受人尊敬。教唆阿阇世可以替代老王，提婆达多他自己将取代佛陀释迦牟尼，共同创造新时代。並怂恿太子，囚禁老王，将他饿死。

提婆达多自己更作出种种出佛身血之事，比如在山崖上推下大石，想轧死佛陀、派刺客暗杀佛、放出酒醉狂象害佛、爪毒伤佛、抛车击佛等等。当然提婆达多的恶计没有得逞。

再回头说，国王这家人，王后韦提希经历如此人生中家庭不幸变故，心灰意冷，很想脱离世间这五浊恶世。 所以请求佛陀为她解说出离的方法。

佛陀就详细地教导她十六种观想极乐世界以及阿弥陀佛、大菩萨和念佛往生的方法。 也同时教导在座的弟子们和来参加听法的天龙八部众生。大德阿难谨遵佛陀教导记录了下来，让我们后世的众生也能学习到。

西元两千零一十九年十月
三宝弟子纱福写于德国汉堡

Vorwort II

Die ergreifende und schicksalhafte Vorgeschichte: Zu Lebzeiten Buddha Shakyamuni (um 500 B.C.) lebten ein König Bimbisara (544-491 B.C.) und seine Frau Königin Vaidehi im Königsreich Magadha in der Hauptstadt Rajagriha im Osten Indiens.

Sie wünschten sich sehnsüchtig ein Kind. Aber ihr Wunsch wurde nie erfüllt, denn die Königin konnte viele Jahre nicht gebären. Deswegen fürchtete sie, dass sie eines Tages die Liebe und die Gunst des Königs verlieren könnte.

Königin Vaidehi suchte verzweifelt um Rat bei einigen Sekten-Meistern. Ein Sekten-Meister sagte ihr, dass es im großen Schneeberg einen langlebigen Dau-Praktizierende Meister gab. In drei Jahren wäre das Leben des Dau-Meisters zu Ende. Die Königin könnte ihn bitten, ob er nach seinem Tod als ihr Kind inkarnieren würde. Der Dau-Meister war einverstanden.

Aber Königin Vaidehi war nicht mehr so jung und befürchtete, dass sie mit dem Alter bis dahin endgültig nicht mehr Kinder gebären könnte. Deshalb befahl sie dem Dau-Meister, seine restlichen 3 Jahre Lebenszeit zu opfern und sofort zur Inkarnation zu kommen.

Der Dau-Meister beendete selbst das Leben mit Groll im Herzen und dabei stieß er verbissen einen Fluch aus, der besagt, wenn das Kind später erwachsen sei, würde es gegen den Willen seiner Eltern handeln und den König wegen des Throns ermorden wollen.

Nachdem der Dau-Meister gestorben war, war Königin Vaidehi wirklich schwanger. Trotzdem konnte sie sich nicht richtig freuen, denn sie fürchtete sich vor dem Fluch.

Sie versuchte daraufhin diverse Methoden z.B. Abtreibungsmittel zu nehmen, aus Höhe herunterzuspringen, schwere Sachen zu heben, um das Kind abzutreiben. Aber das alles gelang ihr nicht. Mit Bedauern hat sie das Kind terminmäßig gesund geboren.

Nach indischer Tradition wurde ein Wahrsager in den Palast gebeten, um die Zukunft des neugeborenen Prinzen vorauszusagen. Der Wahrsager prophezeite, dass das Kind später seinen Vater wegen des Throns ermorden würde.

König Bimbisara war sehr bestürzt und voller Angst. Er warf das Kind mit Abscheu von einem hohen Stockwerk in die Tiefe, um es zu töten. Widererwarten war das Kind fast ganz unversehrt geblieben, nur an einem Finger hat es sich verletzt.

Königin Vaidehi konnte es nicht übers Herz bringen, das Kind zu töten. Sie überredete den König von seinem Vorsatz abzusehen. Sie nahm das Kind in den Arm und versprach dem König, es mit Liebe behutsam groß zu ziehen.

Der König Bimbisara war von Natur aus ein barmherziger Mensch und hatte Mitleid mit dem Kind und gab schließlich nach. Sie gaben ihm den Namen Ajatashatru.

Mit den Jahren war aus dem kleinen Prinzen ein kluger, sportlicher und gutaussehender junger Mann geworden. Das Königpaar liebte ihn aufrichtig und war glücklich und setzte ihn sogar als Kronprinz ein.

Später lernte Kronprinz Ajatashatru einen Freund Devadatta kennen, einen ruhmsüchtigen und hinterlistigen Mönch. Obwohl dieser ein Vetter und Schüler von Buddha Shakyamuni war, war Devadatta in der Tat ein gemeiner und rücksichtsloser Mann.

Er beneidete Buddha Shakyamuni wegen dessen Beliebtheit und beachtlichem Ansehen in der hohen Gesellschaft. Außerdem propagierte Devadatta eine Politik „Ein neuer König und ein neuer Buddha zusammen schaffen eine neue Welt".

Nachdem er sich allmählich in das Vertrauen des Kronprinzen geschlichen hatte, stiftete er diesen an, dessen Vater König Bimbisara einzusperren und verhungern zu lassen.

Devadatta selbst verübte einige Attentaten an Buddha, z. B. er versuchte mit einem Felsblock, den er von einer Klippe herunterstieß, um Buddha zu erschlagen, trieb einem betrunkenen wildgewordenen Elefanten auf Buddha zu, um ihn tot zu trampeln, oder präparierte giftige Fingernägel, um Buddha zu zerkratzen usw. .

Zum Glück gelangen ihm all seine hinterlistigen Sabotageakte nicht, sondern sie wurden von Buddha geschickt und friedlich, eine nach der anderen in eine sichere Lage umgewandelt.

Zurück zur königlichen Familie. Die Königin Vaidehi fasste dann ganz verzweifelt den Entschluss auf Grund jenes unglücklichen Schicksalsschlages, diese trübe Welt zu verlassen. Sie flehte Buddha inständig an, ihr die Methode beizubringen, sich aus der miserablen Lage zu befreien.

Daraufhin erläuterte Buddha Shakyamuni ihr ausführlich die 16 Anweisungen bzw. Meditationsübungen, um die Welt Sukhavati und Buddha der Unbegrenzten Langlebigkeit zu visualisieren.

Gleichzeitig konnten auch die anwesenden Schüler und Himmelslebewesen diese Meditationsmethoden kennenlernen.

Der Edler Ananda behielt das zuerst im Gedächtnis und später schrieb er alles nieder, als Sutra an alle Lebewesen weiterzugeben.

Shay Whar Liu Kroeber
Oktober 2019, Hamburg, Deutschland

前言三

释迦牟尼佛得道后， 还留在我们世间讲经说法四十五年。有时是弟子或信众提问，佛陀藉机说法。 有的经典是佛陀观众生机缘成熟， 不问而自说。

这部观无量寿佛经是佛陀应当时印度王后韦提希的请求而说的。王后韦提希遭遇人生挫折和家庭变故，她下定决心想脱离这五浊恶世。

佛陀应机详细为她和在座的弟子们，以及来闻法的天龙八部众生们解说，这简易的，就是凡夫都能作到，消除罪业和烦恼的方法。除了集中意识观想西方极乐世界总总、阿弥陀佛和两位大菩萨，以及"一心念佛"即得往生，这个非常殊胜的法门。

值得我们注意的是，佛经是超越时空的教材， 讲的是永远不变的真理和原则， 是可以帮助六道众生离苦得乐的法宝。

佛家大德印光大师说："一分恭敬一分守受用，十分恭敬十分受用"。 也就是说对古人大德的智慧结晶有恭敬心， 自己才能开智慧。

所以，请恭敬保持这本经书， 不要带到不净的场所看， 或随意乱丢。 最好能妥善地安放在书架上。

在此祝福学佛弟子法喜充满 ！

三宝弟子 纱福 合十
西元两千零一十九年十月于德国汉堡

Vorwort III

Nachdem Buddha Shakyamuni die höchste Erleuchtung erlangt hatte, hat er noch 45 Jahre auf unserer Welt das buddhistische Dharma gelehrt.

Manchmal haben die Schüler oder Gläubigen Fragen gestellt und Buddha hat daraufhin geantwortet. Manchmal erzählte Buddha von sich aus, wenn er sah, dass die Gemeinde in dem Moment so weit sei, den tiefen Sinn der Wahrheit zu begreifen und anzunehmen.

Dieses Sutra „Buddha der Unbegrenzten Langlebigkeit – Visualisierung des Landes Sukhavati" entstand durch die Befragung der damaligen indischen Königin Vaidehi.

Königin Vaidehi befand sich zu jener Zeit in einer verzweifelten Lebenskrise und sie bat Buddha von ganzem Herzen ihr zu helfen, damit sie sich aus dem trüben Zustand befreien könne.

Daraufhin erzählte Buddha ihr und den Schülen mit allen teilnehmenden Gemeinden ausführlich diese 16 Meditationsmethoden.

Das buddhistische Dharma ist eine universelle Lehre, die unverändert durch die Zeit und über alle Landesgrenzen schreitet und ewige Gültigkeit hat.

Das ist ein Zaubermittel, das allen Lebewesen in den Sechs Ebenen aus den Leiden und der gravierenden Lage im Leben heraushelfen und in einen glücklichen und harmonischen Zustand führen kann.

Der buddhistische Meister Ying-Guang sagte:
„Wenn wir allem gegenüber ein bisschen Respekt zeigen, bekommen wir auch ein bisschen Respekt zurück; wenn wir allem eine große Menge Respekt entgegenbringen, ernten wir eine entsprechende gleiche Menge Respekt zurück".

Die Frucht der Weisheit schätzen zu wissen, verleiht uns automatisch die Fähigkeit, weise zu werden.

Bitte behandeln Sie im Allgemeinen die Sutras mit Respekt. Am besten bewahren Sie sie gut im Bücherregal oder Bücherschrank auf und lesen Sie nicht in Toiletten und ähnlichen Orten.

Ich wünsche allen Lesern Gesundheit und viel Glück im Leben!

Shay Whar Liu Kroeber
Oktober 2019 in Hamburg, Deutschland

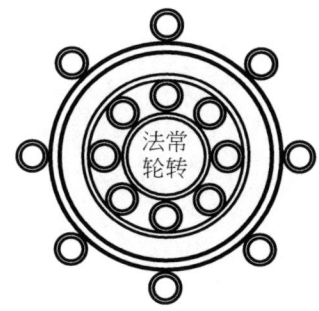

佛说观无量寿佛经

刘宋西域三藏法师畺良耶舍译

如是我闻：一时，佛在王舍城，耆阇崛山中，与大比丘众，千二百五十人俱。菩萨三万二千，文殊师利法王子而为上首。

尔时，王舍大城有一太子，名阿阇世。随顺调达恶友之教，收执

Buddha der Unbegrenzten Langlebigkeit
Visualisierung des Landes Sukhavati

Übersetzt vom Sanskrit ins Chinesische von
Tripataka Meister Kalam Yasas in der Liu-Song Dynastie

Wie ich einmal gehört habe:

Damals verweilte Buddha Shakyamuni in der Stadt Rajagriha
auf dem Berg Grdhrakuta und wurde von 1250 Bhiksus
begleitet.

Anwesend waren auch 32000 Bodhisattvas, angeführt von Dharma
Prinzen Bodhisattva Manjushri.

In jener Zeit hieß der Kronprinz der Stadt Rajagriha Ajatashatru.
Er wurde von dem bösen Freund Devadatta, einem unaufrichtigen
und ruhmsüchtigen Mönch, angestiftet, seinen Vater, den König

父王频婆娑罗，幽闭置於七重室内，制诸群臣，一不得往。国太夫人，名韦提希，恭敬大王，澡浴清净，以酥蜜和麨，用涂其身。诸璎珞中，盛葡萄浆，密以上王。

尔时，大王食麨饮浆，求水漱口。漱口毕已，合掌恭敬，向耆阇

Bimbisara in einer mit sieben Türen verschlossenen Kammer fest-
zuhalten. Und der Kronprinz befahl auch, dass keine Untertanen
den König besuchen durften.

Die Königin Vaidehi, die den König wie immer sehr verehrte,
wusch sich, badete und strich sich dick am Körper mit Honigmürbeteig ein. In den Hohlräumen ihres prunkvollen Halsschmucks
füllte sie mit Traubensaft und brachte diese dann heimlich dem
König.

Nachdem der König den Mürbeteig gegessen, den Saft getrunken
und mit Wasser den Mund sauber abgespült hatte, betete er mit
gefalteten Händen respektvoll in die Richtung des Grdhrakuta
Bergs zu Buddha Shakyamuni und flehte:

崈山，遥礼世尊，而作是言："
大目犍连，是吾亲友，愿兴慈悲
授我八戒。"

时目犍连，如鹰隼飞，疾至王所
。日日如是，授王八戒。世尊亦
遣尊者富楼那，为王说法。如是
时间，经三七日，王食麨蜜，得
闻法故，颜色和悦。

„Der große Maudgalyayana ist mein treuer Freund. Ich wünsche, dass er mir mit Barmherzigkeit die Acht Disziplinen beibringen könnte."

So flog der große Maudgalyayana geschwind wie ein Adler zum König und unterrichtete ihn jeden Tag in den Acht Disziplinen.

Buddha schickte auch Edler Purna, um dem König das Dharma zu unterbreiten.

So vergingen 3 mal 7 Tage wie im Fluge, weil der alte König Honigmürbeteig essen konnte und das Dharma anhörte, es ging ihm gut und er sah gesund und freundlich aus.

时阿阇世，问守门者："父王今者犹存在耶？"时守门人白言："大王！国太夫人，身涂麨蜜，璎珞盛浆，持用上王。沙门目犍连及富楼那，从空而来，为王说法，不可禁制。"

时阿阇世，闻此语已，怒其母曰："我母是贼，与贼为伴。沙门

Dann kam der junge König Ajatashatru und fragte den Wächter, ob sein Vater, der alte König noch am Leben sei.

Der Wächter antwortete: „Großer König! Die Königinmutter hat sich am Körper mit Honigmürbeteig bestrichen und in ihren Halsschmuck Saft gefüllt und dem alten König gegeben.

Außerdem flogen Sramanas Maudgalyayana und Purna vom Himmel hierher. Sie unterbreiteten dem alten König das Dharma. Es ließ sich leider nicht verhindern."

Als der junge König Ajatashatru dies hörte, war er außer sich vor Zorn und schimpfte wütend: "Meine Mutter ist eine Verräterin, sie ist Komplizin der Verschwörung.

Diese hinterlistigen Sramanas verwenden irrführende Magie und Zauberformeln, sodass der alte böse König nach so vielen Tagen immer noch nicht gestorben ist."

恶人，幻惑咒术，令此恶王，多
日不死。"即执利剑，欲害其母
。

时有一臣，名曰月光，聪明多智
，及与耆婆，为王作礼。白言：
"大王！臣闻毗陀论经说，劫初
已来，有诸恶王，贪国位故，杀
害其父一万八千，未曾闻有无道

Er griff nach dem scharfen Schwert und wollte seine Mutter töten.

Ein Minister, der Mondlicht hieß, intelligent, gewandt und pflicht-getreu war, kam mit dem Prinzen Jivaka zum König. Die beiden im Lande sehr angesehenen Männer verbeugten sich und sagten: „Großer König! Wir haben im Veda Sutra gelesen, dass es seit Beginn der Kalpa Zeit viele bösen Könige gab, die gierig auf den Thron waren und deswegen ihre 18000 Väter ermordeten.

Aber wir haben bisher noch nie gehört, dass sie sogar ihre Mütter töteten.“

害母。王今为此杀逆之事，污刹利种，臣不忍闻，是旃陀罗，我等不宜复住于此。"时二大臣，说此语竟，以手按剑，却行而退。

时阿阇世，惊怖惶惧，告耆婆言："汝不为我耶？"耆婆白言："大王！慎莫害母。"王闻此语，忏悔求救，即便舍剑，止不害

„Großer König! Wenn Ihr solchen widerwärtigen Mord begehen würdet, könntet Ihr unserem Kshatriyas Geschlecht große Schande bringen. Wir ertragen es nicht dies mitanzusehen. Das wäre wie das niedrigste Candalas Geschlecht. Wir werden dann auf keinen Fall noch hier bleiben."

Nachdem die zwei Männer das gesagt hatten, zogen sie sich, den Schwertgriff mit der Hand haltend, vorsichtig und langsam zurück.

Der König Ajatashatru wurde von panischer Angst gepackt und fragte seinen Bruder Jivaka fassungslos: "Bist du auch nicht auf meiner Seite?"

Jivaka antwortete daraufhin: „Großer König! Tut bitte Eurer Mutter nichts an!"

Als der junge König das hörte, bereute er und bat um Verzeihung. Er ließ das Schwert fallen und wagte es nicht mehr seine Mutter zu töten.

母。勅语内官，闭置深宫，不令复出。

时韦提希，被幽闭已，愁忧憔悴。遥向耆阇崛山，为佛作礼，而作是言："如来世尊，在昔之时，恒遣阿难，来慰问我。我今愁忧，世尊威重，无由得见，愿遣目连、尊者阿难，与我相见。"

Er befahl den Bediensteten des Palastes, die Königinmutter in einen zurückgelegenen Wohnbereich einzusperren und nicht mehr ausgehen zu lassen.

Nachdem Vaidehi eingesperrt war, machte sie sich viele Sorgen und sah angegriffen aus. Von Weitem betete sie Buddha respektvoll in die Richtung des Grdhrakuta Bergs an und flehte:

„Tathagata! Weltverehrter Meister! Früher haben Sie immer Ananda geschickt um mir Mitgefühl zu zeigen und Mut zu machen. Nun habe ich so große Sorgen. Verehrter Meister, Sie sind mächtig und würdevoll. Es ist wohl nicht möglich, Sie ohne guten Grund persönlich zu sehen.

Ich wünsche mir aber, dass Sie wieder den großen Maudgalyayana und Edler Ananda zu mir schicken könnten!"

作是语已，悲泣雨泪，遥向佛礼
zuo shi yu yi, bei qi yu lei, yao xiang fo li
，未举头顷，尔时世尊在耆阇崛
wei ju tou qing, er shi shi zun zai qi she ku
山，知韦提希心之所念。即勅大
shan, zhi wei ti xi xin zhi suo nian. ji chi da
目犍连，及以阿难，从空而来。
mu jian lian, ji yi a nan, cong kong er lai
佛从耆阇崛山没，于王宫出。
fo cong qi she ku shan mo, yu wang gong chu

时韦提希，礼已举头，见世尊释
shi wei ti xi, li yi ju tou, jian shi zun shi
迦牟尼佛，身紫金色，坐百宝莲
jia mou ni fo, shen zi jin se, zuo bai bao lian
华。目连侍左，阿难侍右。释梵
hua. mu lian shi zuo, a nan shi you, shi fan

Vaidehi war von Traurigkeit erfasst und fing an zu weinen, ihre Tränen flossen in Strömen. Sie verbeugte sich und betete von Weitem aus Buddha an.

Kaum hatte sie sich erhoben, wusste Buddha, der sich in jenem Moment im Grdhrakuta Berg aufhielt schon, was Vaidehi am Herzen lag.

Buddha schickte den großen Maudgalyayana und Ananda im Voraus hinzufliegen. Dann verschwand Buddha im Grdhrakuta Berg und erschien im Nu im Palast.

Als Vaidehi den Kopf hob, erschien ihr der Welterhabene Meister Shakyamuni Buddha, der in purpurgoldener Farbe auf der von hundert Schätzen geformten Lotusblume saß und wurde begleitet von Maudgalyayana zur linken Seite und von Ananda zu seiner rechten Seite.

护世诸天在虚空中，普雨天华，
持用供养。

时韦提希，见佛世尊，自绝璎珞，举身投地，号泣向佛，白言："世尊！我宿何罪，生此恶子？世尊复有何等因缘，与提婆达多，共为眷属？唯愿世尊，为我广说无忧恼处，我当往生，不乐阎

Sakra, Brahma und Schutzengel im Himmel ließen als Darbringung Blumen von oben regnen.

Als Vaidehi Buddha sah, zerriss sie selbst ihren prunkvollen Halsschmuck, warf sich mit bitteren Tränen auf den Boden und wehklagend fragte sie:

„Welterhabener Meister! Was habe ich für Sünden in meinen vorherigen Leben begangen, dass ich so einen bösen Sohn geboren habe? Und aus welchem Grund, sind Sie, Erhabener Meister, mit dem unaufrichtigen Devadatta verwandt?

Ich wünsche nur, dass Sie, Erhabener Meister, mir eine Welt ohne Sorgen und Ärger zeigen könnten, sodass ich dorthin gehen kann und nicht mehr in dieser trüben Jambudvipa Welt weiterleben muss.

浮提浊恶世也。此浊恶处，地狱
、饿鬼、畜生盈满，多不善聚。
愿我未来，不闻恶声，不见恶人
。今向世尊，五体投地，求哀忏
悔。唯愿佛日，教我观于清净业
处。"

尔时，世尊放眉间光，其光金色
，遍照十方无量世界。还住佛顶

Diese trübe Welt ist voller Höllenqual, gieriger Hungergeister und törichter Tiere. Es ist hier eine böse Zusammenkunft. Ich wünsche, dass ich in Zukunft nichts Böses mehr hören und keinen bösen Menschen begegnen muss.

Ich beichte, bete und werfe mich jetzt mit höchster Ehrerbietung zu Boden vor Ihnen, Weltverehrter Meister. Bitte bringen Sie mir heute bei, wie ich durch visualisieren eine reine Welt erreichen kann."

In jenem Moment sendete Buddha zwischen seinen Augenbrauen goldenes Licht aus. Das Licht strahlte in alle zehn Himmelsrichtungen über unermessliche Welten hin, kehrte wieder zurück und blieb über Buddhas Kopf stehen.

，化为金台，如须弥山。十方诸佛净妙国土，皆于中现。或有国土，七宝合成。复有国土，纯是莲花。复有国土，如自在天宫。复有国土，如玻璃镜。十方国土，皆于中现。有如是等无量诸佛国土，严显可观，令韦提希见。时韦提希白佛言："世尊！是诸佛土，虽复清净，皆有光明。我

Dann verwandelte sich dieser Lichtstrahl in eine goldene Tribüne, die so groß war wie der Sumeru Berg und in den Himmel emporragte.

Auf dieser Tribüne erschienen, eine nach der anderen, die schönen, reinen Welten von allen Buddhas aus allen zehn Himmelsrichtungen.

Es gab Welten, die aus sieben Schätzen erbaut waren. Es gab auch Welten, in der nur reine Lotusblumen wuchsen. Manche Welten ähnelten dem Mahavara Himmelspalast. Und es gab auch Welten, die wie Kristallspiegel reflektierten.

Also, es erschienen vor Vaidehi deutlich unzählige Welten aus allen zehn Himmelsrichtungen, die wunderschön und prächtig waren.

Dann sagte Vaidehi zu Buddha: „Weltverehrter Meister! Alle diese Welten sind rein, schön und glänzend.

今 乐 生 极 乐 世 界 阿 弥 陀 佛 所。 唯
jin yao sheng ji le shi jie a mi tuo fo suo wei
愿 世 尊， 教 我 思 惟， 教 我 正 受。
yuan shi zun jiao wo si wei jiao wo zheng shou
"

尔 时， 世 尊 即 便 微 笑， 有 五 色 光
er shi shi zun ji bian wei xiao you wu se guang
， 从 佛 口 出， 一 一 光 照 频 婆 娑 罗
cong fo kou chu yi yi guang zhao pin po suo luo
王 顶。 尔 时， 大 王 虽 在 幽 闭， 心
wang ding er shi da wang sui zai you bi xin
眼 无 障， 遥 见 世 尊， 头 面 作 礼。
yan wu zhang yao jian shi zun tou mian zuo li
自 然 增 进， 成 阿 那 含。
zi ran zeng jin cheng a na han

Ich möchte aber nur in der Welt Buddha Amitabha, Sukhavati, leben. Ich bitte Sie, Weltverehrter Meister, mir beizubringen, wie ich richtig visualisieren und praktizieren kann!"

Buddha lächelte. Dann strahlten aus dem Mund Buddhas fünf farbige Lichter aus. Diese fünf Lichtstrahlen erschienen auf dem Haupt des Königs Bimbisara.

Obwohl der König Bimbisara in jenem Moment anderswo eingesperrt war, konnte er Buddha von Weitem mit dem dritten Auge ohne Hindernisse sehen.

Er begrüßte Buddha und verbeugte sich mit höchster Achtung, dadurch wurde er geistig zur Vervollkommnung in natürlicher Weise gestärkt. Er war sofort zur Stufe Anagami aufgestiegen.

尔时，世尊告韦提希："汝今知
 er shi shi zun gao wei ti xi ru jin zhi

不？阿弥陀佛，去此不远。汝当
fou a mi tuo fo qu ci bu yuan ru dang

系念，谛观彼国净业成者。我今
xi nian di guan bi guo jing ye cheng zhe wo jin

为汝广说众譬，亦令未来世一切
wei ru guang shuo zhong pi yi ling wei lai shi yi qie

凡夫，欲修净业者，得生西方极
fan fu yu xiu jing ye zhe de sheng xi fang ji

乐国土。欲生彼国者，当修三福
le guo tu yu sheng bi guo zhe dang xiu san fu

：一者孝养父母，奉事师长，慈
yi zhe xiao yang fu mu feng shi shi zhang ci

心不杀，修十善业。二者受持三
xin bu sha xiu shi shan ye er zhe shou chi san

归，具足众戒，不犯威仪。三者
gui ju zu zhong jie bu fan wei yi san zhe

Buddha sagte dann zu Vaidehi:

„Erkennst Du es jetzt? Buddha Amitabha ist nicht weit weg von unserer Welt entfernt. Du sollst stets dran denken und genau verinnerlichen, wie man jenes Land erreichen kann!

Nun, ich werde Dir ausführlich die Voraussetzungen erläutern, sodass auch die normalen Menschen in der Zukunft, wenn sie die bestimmten Disziplinen ausüben, auch die Westliche Welt, Sukhavati erreichen können.

Also, die Menschen, die in Zukunft im Lande Sukhavati leben möchten, müssen die drei Disziplinen schon jetzt praktizieren:

1. Seid lieb und pietätvoll den Eltern gegenüber.
   Seid höflich und hilfsbereit den Lehrern gegenüber.
   Habt Mitgefühl für alle und tötet nicht beliebig.
   Übt die Zehn Guten Wohltaten aus.

发 菩 提 心 ， 深 信 因 果 ， 读 诵 大 乘
，劝 进 行 者 。如 此 三 事 ，名 为 净
业 。 "

佛 告 韦 提 希 ： " 汝 今 知 不 ？此 三
种 业 ，乃 是 过 去 、未 来 、现 在 三
世 诸 佛 ，净 业 正 因 。 "

佛 告 阿 难 及 韦 提 希 ： " 谛 听 ！谛

2. Glaubt an Buddha, Dharma und Sangha.
   Haltet alle umfassenden Gebote ein.
   Achtet immer auf anständiges Benehmen.

3. Wünscht Euch, eines Tages wirklich erleuchtet zu sein.
   Glaubt fest an die Lehre von Ursache und Wirkung.
   Lernt fleißig Mahayana Sutras.
   Bringt auch anderen Interessenten die Lehre bei.

Diese drei Disziplinen zu praktizieren ist eine Zielsetzung, um sich die Kompetenz zur Selbstverwirklichung zu erwerben, die rein positives Karma zur Folge hat."

Buddha sagte zu Vaidehi:
„Nun erkennst Du es! Das ist die wahre Grundlage für alle Buddhas in Vergangenheit, Zukunft und Gegenwart, die Erleuchtung zu erlangen."

听！善思念之。如来今者，为未来世一切众生，为烦恼贼之所害者，说清净业。善哉！韦提希！快问此事。阿难！汝当受持，广为多众，宣说佛语。如来今者，教韦提希及未来世一切众生，观于西方极乐世界。以佛力故，当得见彼清净国土，如执明镜，自见面像。见彼国土极妙乐事，心

Buddha sagte weiter zu Ananda und Vaidehi:

„Hört zu! Hört zu! Denkt gut nach! Ich, als Tathagata werde heute allen Lebewesen in Zukunft, die von energieraubenden Sorgen heimgesucht und denen dadurch Schaden zugefügt wurde, die Mittel und Wege erläutern, um ihnen das Karma zu bereinigen.

Vaidehi, Du hast sehr gute Frage gestellt, frage nur weiter! Ananda! Merke es Dir jetzt gut, damit Du die Lehre Buddhas später allen Menschen verkünden kannst.

Ich, als Tathagata, werde heute Vaidehi und allen Lebewesen in Zukunft ausführlich erläutern, wie man die Westliche Welt, Sukhavati, visualisieren kann.

Durch die Unterstützung der Macht Buddhas könnt Ihr das reine Land so klar sehen, als ob Ihr einen Spiegel in der Hand vor Euch haltet und das eigene Gesicht sehen könnt.

欢喜故，应时即得无生法忍。"

佛告韦提希："汝是凡夫，心想
羸劣，未得天眼，不能远观。诸
佛如来，有异方便，令汝得见。
"

时韦提希白佛言："世尊！如我
今者，以佛力故，见彼国土。若
佛灭后，诸众生等，浊恶不善，

Wenn Ihr die wunderbare Glückseligkeit in jenem Land sehen könnt, freut Ihr Euch so sehr, dass Ihr im Nu die höchste Wahrheit der Unsterblichkeit in Universum begreifen werdet."

Buddha sagte Vaidehi:
„Du bist ein normaler Mensch, Deine Seh- und Vorstellungskraft ist schwach, das dritte Auge ist nicht offen und besitzt keine außergewöhnliche Fähigkeit grenzenlos zu sehen.

Nur wenn die Buddhas Dir die Kraft verleihen, um Dir es zu erleichtern, dann kannst Du in die Ferne sehen."

Dann fragte Vaidehi Buddha: „Weltverehrter Meister! Ich kann heute das ferne Land gut sehen, weil Buddha, Sie mir die Kraft verliehen haben.

五苦所逼，云何当见阿弥陀佛极
乐世界？ "

佛告韦提希： "汝及众生，应当
专心系念一处，想于西方。云何
作想？凡作想者，一切众生，自
非生盲，有目之徒，皆见日没。
当起想念，正坐西方，谛观于日
欲没之处，令心坚住专想不移。

Wenn Buddha, Sie eines Tages nicht mehr da sind, wie könnten die Lebewesen, die in der trüben Welt leben und von den fünf miserablen Leiden bedroht sind, die Welt Buddha Amitabha, Sukhavati, sehen?"

Buddha sagte Vaidehi:
„Du und alle Lebewesen solltet konzentriert an den Westen denken.

Wie denkt man? Alle Lebewesen, solange sie nicht von Geburt an blind sind, können den Sonnenuntergang sehen.

So soll man es machen: In Richtung Westen gerade sitzen und auf die Stelle konzentrieren, wo die Sonne bald untergeht. Man halte sich an diesen Gedanken im Inneren und bewege sich nicht.

见日欲没，状如悬鼓，既见日已，闭目开目，皆令明了。是为日想，名曰初观。作是观者，名为正观。若他观者，名为邪观。"

佛告阿难及韦提希："初观成已，次作水想。想见西方一切皆是大水，见水澄清，亦令明了，无分散意。既见水已，当起冰想。

Die untergehende Sonne ist wie eine hängende Trommel. Ob mit geschlossenen oder mit offenen Augen, sieht man die Sonne klar vor sich.

So wird die Sonnenmeditation genannt, die erste Weise zum Visualisieren.

Nach dieser Anweisung zu meditieren ist die richtige Methode, sonst gerät man auf Abwege."

Buddha sagte zu Ananda und Vaidehi:
„Wenn man die erste Methode gut beherrscht, kann man als nächstes an Wasser denken.

Man stellt sich vor, dass das Westliche Land überall mit Wasser bedeckt ist. Das Wasser ist sauber und klar. Man sieht es deutlich und ohne Ablenkung. Dann wird das Wasser zum Eis.

见冰映彻，作琉璃想。此想成已，见琉璃地，内外映彻，下有金刚七宝金幢，擎琉璃地。其幢八方，八楞具足，一一方面，百宝所成，一一宝珠，有千光明，一一光明，八万四千色，映琉璃地，如亿千日，不可具见。琉璃地上，以黄金绳杂厕间错，以七宝界，分齐分明，一一宝中，有五

Das Eis spiegelt sich auf dem Boden und wird zum Kristall. Der Kristallboden scheint von innen nach außen rein und durchsichtig zu sein.

Der Kristallboden wird von einer imposanten Goldsäule majestätisch gestützt, die mit Brillianten und sieben Sorten von Edelsteinen erbaut ist. Diese achteckige Säule steht mächtig da mit acht scharf ausgeprägten Kanten.

Jede Seite der Säule ist mit hundert Schätzen verziert. Jede einzelne Perle strahlt tausend Helligkeiten aus. Jede Helligkeit enthält wiederum 84000 Farben, die sich auf dem Kristallboden wie tausend Milliarden Sonnen spiegeln, so hell und glänzend, dass man es nicht mit bloßen Augen genau anschauen kann.

Auf dem Kristallboden werden goldene Seile, kreuz und quer, zur Begrenzung eingesetzt. Mit sieben Sorten von Edelsteinen werden die verschiedenen Bereiche ordentlich umkreist. Jeder Stein strahlt 500 Farben aus.

百色光。其光如华，又似星月，悬处虚空，成光明台。楼阁千万，百宝合成，于台两边，各有百亿华幢，无量乐器，以为庄严。八种清风，从光明出，鼓此乐器，演说苦空无常无我之音，是为水想，名第二观。此想成时，一一观之，极令了了。闭目开目不令散失，唯除食时，恒忆此事。

Diese Lichter strahlen wie Blumen, auch wie Mond und Sterne, die in eine hell leuchtende am Himmel hängende Tribühne verwandeln.

Auf der Tribüne sind über 10000 Pavillons, die mit 100 Schätzen erbaut sind. Beide Seiten der Tribüne werden mit 100 Milliarden Blumen-Säulen und unzähligen Musikinstrumenten feierlich verziert.

Die Brise weht in acht verschiedenen Weisen, die ebenfalls aus dem leuchtenden Lichtstrahl entsteht, streift durch die Musikinstrumente. Diese Instrumente spielen Musik, die die Lehre über die Bitternis, die Leerheit, die Unbeständigkeit und die Anatta des Lebens vortragen.

Das nennt man die Wasser Meditation, die zweite Weise zu visualisieren.

作此观者，名为正观。若他观者，名为邪观。"

佛告阿难及韦提希："水想成已，名为粗见极乐国地。若得三昧，见彼国地，了了分明，不可具说。是为地想，名第三观。"佛告阿难："汝持佛语，为未来世一切大众，欲脱苦者，说是观地

Wenn diese Vorstellung vollendet ist, soll man eine nach der anderen nochmals genau durchgehen, sich alles vor Augen zu halten, ganz klarsehen, ob mit geschlossenen oder geöffneten Augen.

Lasse diese Version nicht verschwinden, außer in der Essen- und Ruhezeit. Genau so nennt man authentisches Visualisieren, sonst gerät man auf Abwege."

Buddha sagte Ananda und Vaidehi:
„Die Wasser Meditation zu beherrschen ist nur ein Schritt, um das Land Sukhavati in groben Zügen zu sehen. Wenn man in Samadhi, tiefster Meditation, das Land in Detail sehen kann, ist es unbeschreiblich.

Das ist die Land Meditation, die dritte Weise zum Visualisieren."

Buddha sagte zu Ananda:
„Behalte meine Worte und teile diese Anweisungen allen Menschen in Zukunft mit, die von Leiden befreit werden wollen!"

法。若观是地者，除八十亿劫生死之罪。舍身他世，必生净国，心得无疑。作是观者，名为正观。若他观者，名为邪观。"

佛告阿难及韦提希："地想成已，次观宝树。观宝树者，一一观之，作七重行树想。一一树高八千由旬，其诸宝树，七宝华叶，

Wenn man sich das Land so vorstellen kann, können einem die Todsünden von 80 Milliarden Kalpas gelöscht werden. Nach diesem Leben wird man bestimmt in dem reinen Land wiedergeboren, ohne jegliche Zweifel.

So zu visualisieren ist authentisch, sonst gerät man auf Abwege."

Buddha erzählte Ananda und Vaidehi weiter:
„Nach der Land Meditation kommt dann die Baum Meditation. Stellt Euch vor, die Bäume stehen, einer nach dem anderen, in sieben Reihen.

Jeder Baum ist 8000 Yojana groß. Die Blüten und Blätter aller Bäume sind voll von sieben Sorten Schätzen.

无不具足。一一华叶，作异宝色
wu bu ju zu　　yi yi hua ye　zuo yi bao se

。琉璃色中，出金色光。玻瓈色
liu li se zhong　chu jin se guang　　bo li se

中，出红色光。玛瑙色中，出砗
zhong　chu hong se guang　ma nao se zhong　chu che

磲光。砗磲色中，出绿真珠光。
qu guang　che qu se zhong　chu lü zhen zhu guang

珊瑚琥珀，一一众宝，以为映饰
shan hu hu po　yi yi zhong bao　yi wei ying shi

。妙真珠网，弥覆树上，一一树
miao zhen zhu wang　mi fu shu shang　yi yi shu

上有七重网，一一网间有五百亿
shang you qi chong wang　yi yi wang jian you wu bai yi

妙华宫殿，如梵王宫。诸天童子
miao hua gong dian　ru fan wang gong　zhu tian tong zi

，自然在中，一一童子，五百亿
zi ran zai zhong　yi yi tong zi　wu bai yi

Jede Blüte und jedes Blatt leuchten in anderer Farbe: Auf Majolika reflektiert goldene Farbe, auf Kristall reflektiert rote Farbe, auf Achat reflektiert Perlmutt Farbe, auf Perlmutt reflektiert grüne Perlen Farbe, und Korallen, Bernsteine usw., die sich wiederum gegenseitig die Farben reflektieren.

Wunderbare Perlen-Netze beschirmen die Bäume. Über jedem Baum hängen sieben Schichten Netze.

Mitten in den Netzen stehen 500 Milliarden mit Blumen prachtvoll verzierte Paläste, so wie Brahma Himmelspaläste, in denen die Engel glücklich wohnen und anmutig umher schweben.

Jeder Engel trägt den prunkvollen Halsschmuck, der mit 500 Milliarden wunderbar feinen Perlen verziert ist.

释迦毗楞伽摩尼宝以为璎珞。其摩尼光，照百由旬，犹如和合百亿日月，不可具名，众宝间错，色中上者。此诸宝树，行行相当，叶叶相次。于众叶间，生诸妙华，华上自然有七宝果。一一树叶，纵广正等二十五由旬。其叶千色，有百种画，如天璎珞。有众妙华，作阎浮檀金色，如旋火

Der Glanz der Perlen leuchtet bis zu 100 Yojana weit, wie von 100 Milliarden Sonnen und Monden zusammengefasst, unbeschreiblich. Die Schätze reihen sich mit den schönsten Farben versetzt aneinander.

Die Bäume stehen wohl angeordnet in einer Reihe und die Blätter wachsen auch gleichmäßig. Zwischen den Blättern befinden sich wunderbare Blüten. Über den Blüten wachsen natürlich die Früchte aus sieben Schätzen.

Jedes Blatt ist je 25 Yojana lang und breit, aus dem 1000 Farben und 100 Bilder mit Ornamenten und Mustern wie himmlische Juwelen leuchten.

All diese wunderbaren Blumen strahlen in Jambudvipa goldener Farbe und leuchten wie Flammen-Räder, die sich zwischen den

轮。宛转叶间，涌生诸果，如帝释瓶，有大光明，化成幢幡无量宝盖。是宝盖中，映现三千大千世界。一切佛事，十方佛国，亦于中现。见此树已，亦当次第一一观之，观见树茎、枝叶、华果，皆令分明。是为树想，名第四观。作是观者，名为正观。若他观者，名为邪观。"

Blättern langsam drehen und verschiedene Früchte wie Sakra himmlische Zauberflaschen entstehen lassen.

Diese Flaschen enthalten strahlende Helligkeit, die sich in Säulen, Fahnen und prachtvolle Beschirmung verwandeln.

In der prachtvollen Beschirmung erscheinen ebenfalls die 3000-Großwelten und die buddhistischen Zeremonien, Veranstaltungen aus allen Buddha Ländern von der zehn Himmelsrichtungen.

Stellt Euch sehr deutlich diese Bäume vor, ganz genau einen nach dem anderen: Den Baumstamm, die Stängel, die Zweige, die Blätter, die Blüten und die Früchte.

Das ist die Baum Meditation, die vierte Weise zum Visualisieren. So zu visualisieren ist authentisch, sonst gerät man auf Abwege."

佛告阿难及韦提希："树想成已
，次当想水。欲想水者，极乐国
土，有八池水。一一池水，七宝
所成。其宝柔软，从如意珠王生
，分为十四支。一一支作七宝妙
色。黄金为渠，渠下皆以杂色金
刚以为底沙。一一水中，有六十
亿七宝莲华，一一莲华，团圆正
等十二由旬。其摩尼水，流注华

Buddha sagte zu Ananda und Vaidehi weiter:

„Nach der Baum Meditation kommt die Teichwasser Meditation. Stellt Euch vor, in Sukhavati gibt es Wasser mit acht wunderbaren Eigenschaften im Teich. Jeder Teich ist aus 7 Sorten Edelsteinen angelegt.

Das Teichwasser glitzert sanft und fein, wie aus Ru-Yi König-perlen, und verteilt sich in 14 Abzweigungen. Jede Abzweigung funkelt in sieben schillernden Edelstein Farben und fließt durch goldene Bächlein. Der Boden der Bächlein ist mit verschieden farbigem Diamantensand bedeckt.

In jedem Teich wachsen 60 Milliarden Lotosblumen, in denen die sieben schillernden Edelstein Farben funkeln. Jede Lotusblüte beträgt 12 Yojana groß im Umfang.

Das Perlen Wasser schlängelt sich durch die Blüten, entlang der Stiele nach oben und nach unten.

间，寻树上下。其声微妙，演说苦、空、无常、无我诸波罗蜜。复有赞叹诸佛相好者。从如意珠王，涌出金色微妙光明，其光化为百宝色鸟，和鸣哀雅，常赞念佛、念法、念僧。是为八功德水想，名第五观。作是观者，名为正观。若他观者，名为邪观。"

Der Klang des plätschernden Wassers spielt in subtiler Weise die Paramita über die Bitternis, die Leerheit, die Unbeständigkeit und Anatta des Lebens vor. Und manche preisen die würdevolle Schönheit aller Buddhas.

Die Ru-Yi Königperlen strahlen goldene Zauberkraft aus, die sich in Vögel mit hundert Farben verwandelt. Die Vögel singen wunderschön harmonisch, melodisch und etwas melancholisch und loben die Buddhas, das Dharma und die Sangha.

Das ist die Meditation vom Teichwasser mit acht wunderbaren Eigenschaften, es ist die fünfte Weise zu visualisieren.

So zu visualisieren ist authentisch, sonst gerät man auf Abwege."

佛告阿难及韦提希："众宝国土，一一界上，有五百亿宝楼。其楼阁中，有无量诸天，作天伎乐。又有乐器，悬处虚空，如天宝幢，不鼓自鸣。此众音中，皆说念佛、念法、念比丘僧。此想成已，名为粗见极乐世界宝树、宝地、宝池，是为总观想，名第六观。若见此者，除无量亿劫极重

Buddha erzählte Ananda und Vaidehi weiter:

„In jedem Bereich des Landes gibt es 500 Milliarden prachtvoll erbaute Stockwerke. In den Pavillons oben auf den Stockwerken spielen unzählige Himmelslebewesen zauberhafte Musik.

Manche Musikinstrumente schweben in der Luft wie wunderschöne Wimpel und klingeln, ohne dass sie jemand spielt, von allein. Alle Musikstücke erzählen von den Buddhas, dem Dharma und der Sangha.

Diese Vorstellung in groben Zügen von den Bäumen, den Böden und der Teiche im Sukhavati nennt man allgemeines Visualisieren, das ist die sechste Weise zu visualisieren.

恶业。命终之后，必生彼国。作
是观者，名为正观。若他观者，
名为邪观。"

佛告阿难及韦提希："谛听！谛
听！善思念之！吾当为汝分别解
说除苦恼法，汝等忆持，广为大
众分别解说。"

Wenn jemand so visualisiert, wird ihm das schwerwiegende Karma von vergangenen unzähligen Milliarden Kalpas Lebenszeit gelöscht.

Nach diesem Leben, wird er bestimmt in dem Reinen Land wiedergeboren. So zu visualisieren ist authentisch, sonst gerät man auf Abwege."

Buddha sagte Ananda und Vaidehi:
„Hört zu! Hört zu! Denkt gut darüber nach!

Nun werde ich Euch sehr ausführlich die Methode, um Leiden aus der Welt zu schaffen, erläutern. Ihr solltet sie schön bewahren und später allen Leuten weitererzählen."

说是语时，无量寿佛，住立空中
shuo shi yu shi　wu liang shou fo　zhu li konz hong
，观世音、大势至，是二大士，
guan shi yin　da shi zhi　shi er da shi
侍立左右，光明炽盛，不可具见
shi li zuo you　guang ming chi cheng　bu ke ju jian
，百千阎浮檀金色，不得为比。
bai qian yan fu tan jin se　bu de wei bi

时韦提希见无量寿佛已，接足作
shi wei ti xi jian wu liang shou fo yi　jie zu zuo
礼，白佛言："世尊！我今因佛
li　bo fo yan　shi zun　wo jin yin fo
力故，得见无量寿佛及二菩萨。
li gu　de jian wu liang shou fo ji er pu sa
未来众生，当云何观无量寿佛及
wei lai zhong sheng　dang yun he guan wu liang shou fo ji

Zu jenem Moment erschien Buddha Amitabha am Himmel, begleitet von Bodhisattva Avalokiteshvara und Bodhisattva Mahasthamaprapta, den zwei großen Meistern links und rechts von ihm stehend.

Deren Erscheinung war so glanzvoll und hell wie lodernde Flamme, dass man sie nicht mit bloßen Augen direkt schauen konnte. Und sie war prächtiger als hunderttausend Jambudvipa Gold, wirklich unvergleichlich.

Als Vaidehi Buddha Amitabha am Himmel sah, verneigte sie sich mit höchster Ehrerbietigkeit bis zum Boden.

Dann fragte sie Buddha: „Weltverehrter Meister! Weil Sie mir die Kraft verliehen haben, kann ich deshalb heute Buddha Amitabha und die zwei Bodhisattvas sehen. Aber, wie können die Menschen in Zukunft Buddha Amitabha und die zwei Bodhisattvas sehen?"

二菩萨？"
er pu sa

佛告韦提希："欲观彼佛者，当
fo gao wei ti xi　　yu guan bi fo zhe dang
起想念，于七宝地上作莲华想。
qi xiang nian　yu qi bao di shang zuo lian hua xiang
令其莲华，一一叶上，作百宝色
ling qi lian hua　yi yi ye shang　zuo bai bao se
，有八万四千脉，犹如天画。一
you ba wan si qian mo　you ru tian hua　yi
一脉有八万四千光，了了分明，
yi mo you ba wan si qian guang　liao liao fen ming
皆令得见。华叶小者，纵广二百
jie ling de jian　hua ye xiao zhe　zong guang er bai
五十由旬。如是莲华，具有八万
wu shi you xün　ru shi lian hua　ju you ba wan

84

Buddha sagte zu Vaidehi:

„Um Buddha Amitabha sehen zu können, soll man zuerst an Lotusblumen im 7-Schätze-Land denken.

Jedes Blatt der Lotusblüten reflektiert hundert Farben und besitzt 84000 Blattrippen, wie himmlische Gemälde. Aus jeder Blattrippe strahlen 84000 Lichter heraus, die klar und deutlich zu sehen sind. Allein ein kleines Blatt ist 250 Yojana lang und breit.

Eine Lotusblüte besitzt 84000 Blütenblätter. Zwischen jedem Blatt befinden sich hundert Milliarden königliche Perlen als leuchtende Verzierung.

四千叶，一一叶间，有百亿摩尼
珠王，以为映饰。一一摩尼珠，
放千光明，其光如盖，七宝合成
，遍覆地上。释迦毗楞伽摩尼宝
，以为其台。此莲华台，八万金
刚甄叔迦宝，梵摩尼宝，妙真珠
网，以为校饰。于其台上，自然
而有四柱宝幢，一一宝幢，如百
千万亿须弥山。幢上宝幔，如夜

Jede Perle strahlt tausend Lichter aus, die wie Schirme aus sieben Schätzen über die Blume aufspannen und sich wiederum auf dem Boden spiegeln.

Unter der Blume befindet sich eine Plattform aus schönsten Sakra Bhilagna Perlen. Diese Plattform ist mit 80000 roten Kimsuka Brillanten, reinsten Perlen und zauberhaften Perlennetzen Muster ausgeschmückt.

Über dieser Plattform stehen ungekünstelt vier mit Edelsteinen dekorierte Säulen. Jede Säule ist so groß wie hunderttausend Milliarden Sumeru Berge. Von den Säulen hängen prachtvolle Vorhänge herunter, wie in den Yama Himmelspaläste.

摩天宫，复有五百亿微妙宝珠，
mo tian gong fu you wu bai yi wei miao bao zhu
以为映饰。一一宝珠，有八万四
yi wei ying shi yi yi bao zhu you ba wan si
千光，一一光，作八万四千异种
qian guang yi yi guang zuo ba wan si qian yi zhong
金色，一一金色，遍其宝土，处
jin se yi yi jin se bian qi bao tu chu
处变化，各作异相。或为金刚台
chu bian hua ge zuo yi xiang huo wei jin gang tai
，或作真珠网，或作杂华云，于
huo zuo zhen zhu wang huo zuo za hua yun yu
十方面，随意变现，施作佛事，
shi fang mian sui yi bian xian shi zuo fo shi
是为华座想，名第七观。"
shi wei hua zuo xiang ming di qi guan

Am Rand der Lotusblumen Plattform glitzern noch 500 Milliarden zauberhafte Perlen, die wie 84000 Lichter leuchten. Jedes Licht strahlt wiederum 84000 verschiedene goldene Farben aus.

Diese goldenen Lichter strahlen über ganzes Land hin und verwandeln sich in verschiedene Formen und Gestalten. Manche in Diamant Plattformen, manche in feine Perlen Netze, manche in bunte Blumen Wolken.

Und überall im Lande in allen zehn Richtungen verwandeln sich die Lichter beliebig, als Darbietung buddhistischer Zeremonien.

Das ist die Lotusblumen Plattform Meditation, die siebte Weise zum Visualisieren."

佛告阿难："如此妙华，是本法藏比丘愿力所成，若欲念彼佛者，当先作此妙华座想。作此想时，不得杂观。皆应一一观之，一一叶、一一珠、一一光、一一台、一一幢，皆令分明，如于镜中，自见面像。此想成者，灭除五百亿劫生死之罪，必定当生极乐世界。作是观者，名为正观。若

Buddha sagte zu Ananda:

„So eine zauberhafte Blume ist aus dem Willen von Bhiksus Dharmakara entstanden.

Wenn man diesen Buddha sehen möchte, sollte man sich zuerst den zauberhaften Blumen-Sitz vorstellen, und währenddessen an nichts anderes denken.

Eins nach dem anderen, jedes Blatt, jede Perle, jeder Lichtstrahl, jede Plattform und jeder Wimpel soll ganz deutlich sein, als ob man sein eigenes Gesicht im Spiegel sehen kann.

Wenn man diese Meditation vollendet hat, erlöst man sich von der Sünde im Leben und Tod von 500 Milliarden Kalpas und wird gewiss im Lande Sukhavati wiedergeboren werden.

So zu visualisieren ist authentisch, sonst gerät man auf Abwege."

他观者，名为邪观。"

佛告阿难及韦提希："见此事已，次当想佛，所以者何？诸佛如来是法界身，入一切众生心想中，是故汝等心想佛时，是心即是三十二相，八十随形好。是心作佛，是心是佛。诸佛正遍知海，从心想生，是故应当一心系念，

Buddha sagte zu Ananda und Vaidehi:

„Nachdem man sich diese Dinge vorgestellt hat, soll man dann an Buddhas denken. Und warum? Die Buddhas sind in Dharma verkörpert und existieren im Herzen aller Lebewesen.

Daher, wenn man an Buddhas denkt, besitzt man im Herzen, wie ein Buddha auch die 32 edlen Aussehen, die wiederum mit 80 schönen Merkmalen begleitet werden.

Wenn man im Herzen ein Buddha sein möchte, gleicht man sich einem Buddha an.

Im Meer des wahren Dharmas der Erleuchtung aller Buddhas fängt alles im Herzen an, es kommt alles von Herzen.

谛观彼佛多陀阿伽度阿罗诃三藐
di guan bi fo duo tuo e qie du e luo he san miao
三佛陀。想彼佛者，先当想像。
san fo tuo xiang bi fo zhe xiang dang xiang xiang
闭目开目，见一宝像，如阎浮檀
bi mu kai mu jian yi bao xiang ru yan fu tan
金色，坐彼华上。见像坐已，心
jin se zuo bi hua shang jian xiang zuo yi xin
眼得开，了了分明，见极乐国七
yan de kai liao liao fen ming jian ji le guo qi
宝庄严，宝地宝池，宝树行列，
bao zhuang yan bao di bao chi bao shu hang lie
诸天宝幔，弥覆其上，众宝罗网
zhu tian bao man mi fu qi shang zhong bao luo wang
满虚空中。见如此事，极令明了
man xü kong zhong jian ru ci shi ji ling ming liao
，如观掌中。
ru guan zhang zhong

Deshalb sollen wir konzentriert an Buddha, Tathagata, Arhat, Samyak Sambuddha denken.

Wir stellen uns, mit geschlossenen oder geöffneten Augen, den Buddha vor, der als Jambudvipa goldene Lichtgestalt auf einer Lotusblume sitzt. Wenn wir diese Gestalt weiter betrachten, wird unser drittes Auge geöffnet.

Wir sehen dann das prächtige Land Sukhavati: Die mit sieben Schätzen erbauten Böden, die Teiche, die Baumreihen, die am Himmel feierlich wehenden Fahnen und die wie Schirme breit am Himmel aufspannenden Lichternetze.

All diese Dinge haben wir so deutlich, eins nach dem anderen, vor Augen, als ob wir unsere eigene Handfläche betrachten.

见此事已，复当更作一大莲华，在佛左边，如前莲华，等无有异。复作一大莲华，在佛右边。想一观世音菩萨像，坐左华座，亦作金色，如前无异。想一大势至菩萨像，坐右华座。此想成时，佛菩萨像皆放光明。其光金色，照诸宝树。一一树下，亦有三莲华，诸莲华上各有一佛、二菩萨

Nachdem wir uns dies vorgestellt haben, stellen wir uns wieder eine große Lotusblume vor, genauso schön wie vorhin beschrieben, auf der linken Seite des Buddha.

Dann ist noch eine große Lotusblume auf der rechten Seite des Buddha platziert. Bodhisattva Avalokiteshvara sitzt auf der linken Lotusblume, in goldener Lichtgestalt wie vorhin beschrieben, und Bodhisattava Mahasthamaprapta sitzt auf der rechten Lotusblume.

Bei Vollendung dieser Vorstellung leuchten Buddha und die Bodhisattvas hell auf. Dieses goldene Licht strahlt auf alle Juwelenbäume hin.

Unter allen Bäumen sind drei Lotusblumen. Auf den Blumen befinden sich jeweils ein Buddha und zwei Bodhisattvas. Diese Szenerie ist in diesem ganzen Land überall verbreitet.

像，遍满彼国。
xiang bian man bi guo

此想成时，行者当闻水流光明，
ci xiang cheng shi xing zhe dang wen shui liu guang ming
及诸宝树，凫雁鸳鸯，皆说妙法
ji zhu bao shu fu yan yuan yang jie shuo miao fa
。出定入定，恒闻妙法。行者所
chu ding ru ding heng wen miao fa xing zhe suo
闻，出定之时，忆持不舍，令与
wen chu ding zhi shi yi chi bu she ling yu
修多罗合。若不合者，名为妄想
xiu duo luo he ruo bu he zhe ming wei wang xiang
。若与合者，名为粗想见极乐世
ruo yu he zhe ming wei cu xiang jian ji le shi
界。是为像想，名第八观。作是
jie shi wei xiang xiang ming di ba guan zuo shi

Demnach könnte der Praktizierende das hell plätschernde Wasser, die rauschenden Juwelenbäume, die Wildenten, die Gänse, die Mandarin Enten im Wasser, die alle das Dharma vortragen, hören.

Ob man sich in tiefer Meditation oder außerhalb der Meditation befindet, denkt man ständig über das wunderbare Dharma nach. Was man in tiefer Meditation gehört hat, bewahrt und verinnerlicht man für immer, auch wenn man schon aus der Meditation herauskommt.

Und das muss mit dem Sutra übereinstimmen. Sonst gibt man sich nur einer trügerischen Illusion hin.

Jedoch, wenn die Meditation genauso wie im Sutra beschrieben praktiziert wird, nennt man dies, die Welt Sukhavati in groben Zügen sehen.

Das ist die achte Weise zum Visualisieren.

观者，除无量亿劫生死之罪，于现身中，得念佛三昧。作是观者，名为正观。若他观者，名为邪观。

佛告阿难及韦提希："此想成已，次当更观无量寿佛身相光明。阿难当知，无量寿佛身如百千万亿夜摩天阎浮檀金色。佛身高六

Durch das Praktizieren dieses Visualisierens können wir uns von den Todsünden in den vergangenen unzähligen Milliarden Kalpas befreien.

Im gegenwärtigen Leben ermöglicht uns durch das Rezitieren Buddhas Namen eine tiefe Meditation gut zu beherrschen.

So ist die authentische Weise zum Visualisieren, sonst gerät man auf Abwege."

Buddha sagte zu Ananda und Vaidehi:
„Nachdem wir diese Vorstellung vollendet haben, sollen wir uns Buddha der Unbegrenzten Langlebigkeit dann in einer leuchtenden Gestalt vorstellen.

Ananda, Du sollst wissen, dass Buddha der Unbegrenzten Langlebigkeit wie hunderttausend milliardenfaches Jambudvipa Gold vom Yama Himmel leuchtet.

十万亿那由他恒河沙由旬。眉间
白毫，右旋宛转，如五须弥山。
佛眼如四大海水，青白分明，身
诸毛孔，演出光明，如须弥山。
彼佛圆光，如百亿三千大千世界
。于圆光中，有百万亿那由他恒
河沙化佛。一一化佛，亦有众多
无数化菩萨，以为侍者。无量寿
佛有八万四千相。一一相中，各

Die Buddha Gestalt ist so unzählige Yojana groß, wie die Sandkörner in 600 tausend Milliarden Nayuta Ganges Flüsse.

Zwischen seinen Augenbrauen ist der wie mit weißen, feinen und leuchtenden Härchen versehene Lichtstrahl, der zusammen nach rechts gerollt und so groß wie fünf Sumeru Berge ist. Die Augen Buddhas sind so klar wie das blaue Wasser in den vier Meeren. Die Poren seines ganzen Körpers strahlen so viel Helligkeit aus wie der Sumeru Berg.

Der leuchtende Lichtkreis hinter Buddha ist so immens, wie hundert Milliarden 3000-Großwelten. Im leuchtenden Lichtkreis befinden sich unermeßliche Buddha Gestalten, so viele wie die Sandkörner in Millionen Milliarden Nayuta Ganges Flüssen. Jeder Buddha ist in Begleitung von unzähligen Bodhisattvas.

Buddha der Unbegrenzten Langlebigkeit besitzt 84000 schöne Erscheinungen und jede Erscheinung wird von 84000 wunderbaren Merkmalen dargestellt.

有八万四千随形好。一一好中，
复有八万四千光明。一一光明，
遍照十方世界念佛众生，摄取不
舍。其光相好，及与化佛，不可
具说。但当忆想，令心眼见。见
此事者，即见十方一切诸佛。以
见诸佛故，名念佛三昧。作是观
者，名观一切佛身。以观佛身故
亦见佛心。佛心者，大慈悲是。

Jedes schöne Merkmal hat wiederum 84000 Helligkeiten, die unerschöpflich auf alle an Buddha denkenden Lebewesen in den Welten von allen zehn Himmelsrichtungen scheinen.

Solche Herrlichkeit von Buddha Gestalten ist unbeschreiblich schön. Wir sollen uns stets daran erinnern, bis wir mit dem dritten Auge alles sehen können. Wenn uns dies gelungen ist, können wir dann andere Buddhas aus allen zehn Himmelsrichtungen sehen.

Wir sehen Buddhas in Meditation, deshalb nennen wir diese Meditation Buddha Samadhi. Diese Weise zum Visualisieren nennen wir auch Visualisieren aller Gestalten Buddhas.

Da wir alle Buddhas in Gestalt deutlich vor Augen sehen können, verstehen wir auch die Herzen Buddhas.

Buddhas Herzen sind voller Erbarmen. Mit solcher Erbarmung nehmen sie alle Lebewesen, auch die, die keine Verbindung zu ihnen haben, auf.

以无缘慈，摄诸众生。作此观者，舍身他世，生诸佛前，得无生忍。是故智者，应当系心谛观无量寿佛。观无量寿佛者，从一相好入，但观眉间白毫，极令明了。见眉间白毫相者，八万四千相好，自然当现。见无量寿佛者，即见十方无量诸佛，得见无量诸佛故。诸佛现前授记。是为遍观

So zu denken verhilft uns, in den weiteren zukünftigen Leben, wenn wir vor anderen Buddhas wiedergeboren werden, die wahre Bedeutung von der Lehre A-Nutpattika-Dharma-Ksanti zu begreifen.

Deshalb sollten weise Menschen stets konzentriert an Buddha der Unbegrenzten Langlebigkeit denken.

Um Buddha der Unbegrenzten Langlebigkeit zu visualisieren, fangen wir zuerst mit einem schönen Merkmal an, nämlich dem wie mit feinen weißen Härchen versehene Lichtstrahl zwischen den Augenbrauen.

Wir stellen uns diese feinen weißen Härchen deutlich vor und nach und nach kommen alle 84000 schönen Merkmale zum Vorschein.

Wenn wir Buddha der Unbegrenzten Langlebigkeit sehen, dann können wir auch alle Buddhas von allen zehn Himmelsrichtungen sehen.

一切色身相，名第九观。作是观
yi qie se shen xiang　ming di jiu guan　zuo shi guan
者，名为正观。若他观者。名为
zhe　ming wei zheng guan　ruo ta guan zhe　ming wei
邪观。"
xie guan

佛告阿难及韦提希："见无量寿
fo gao a nan ji wei ti xi　jian wu liang shou
佛了了分明已，次亦应观观世音
fo liao liao fen ming yi　ci yi ying guan guan shi yin
菩萨。此菩萨身长八十万亿那由
pu sa　ci pu sa shen chang ba shi wan yi na you
他由旬，身紫金色，顶有肉髻，
ta you xün　shen zi jin se　ding you rou ji
项有圆光，面各百千由旬。其圆
xiang you yuan guang　mian ge bai qian you xün　qi yuan

Wenn wir alle unzähligen Buddhas vor Augen sehen, werden sie uns bescheinigen, dass wir eines Tages auch wie ein Buddha erleuchtet sein werden.

Das ist sogenanntes Visualisieren der gesamten Körperlichkeit Buddhas. Das ist die neunte Weise zu visualisieren. So zu visualisieren ist authentisch, sonst gerät man leicht auf Abwege."

Buddha sagte zu Ananda und Vaidehi:
„Nachdem wir Buddha der Unbegrenzten Langlebigkeit deutlich sehen können, sollen wir uns dann Bodhisattva Avalokiteshvara vorstellen.

Dieser Bodhisattva ist 800 Tausend Milliarden Nayuta Yojana groß. Sein ganzer Körper leuchtet in goldener Farbe mit feinem lila Schimmer.

Auf seinem Schädel hat er einen Usnisa und über seine Schulter

光中，有五百化佛，如释迦牟尼
。一一化佛，有五百化菩萨，无
量诸天，以为侍者。举身光中，
五道众生，一切色相，皆于中现
。顶上毗楞伽摩尼宝以为天冠。
其天冠中，有一立化佛，高二十
五由旬。观世音菩萨，面如阎浮
檀金色。眉间毫相，备七宝色，
流出八万四千种光明。一一光明

befindet sich ein Lichtkreis, der über hunderttausend Yojana weit in allen Richtungen zu sehen ist.

In diesem Lichtkreis befinden sich 500 Buddha Erscheinungen, zum Beispiel Buddha Shakyamuni. Jeder Buddha ist in Begleitung von 500 Bodhisattvas Erscheinungen und unzählige Himmels-lebewesen.

Im Umfang des Lichtkreises kommen alle Lebewesen in allen Fünf Lebensebenen zum Vorschein.

Auf dem Kopf trägt der Bodhisattva eine mit Sakrabhi-Lagna-Manli Juwelen verzierte himmlische Krone. In der Mitte der Krone steht eine 25 Joyana große Buddha Erscheinung.

Das Gesicht des Bodhisattva Avalokiteschvara scheint wie Jambudvipa Gold. Die feinen weißen Härchen zwischen seinen Augenbrauen enthalten sieben zauberhafte Juwelen Farben und strömen 84000 Lichtarten aus.

有无量无数百千化佛。一一化佛，无数化菩萨以为侍者。变现自在，满十方世界。臂如红莲华色，有八十亿微妙光明，以为璎珞。其璎珞中，普现一切诸庄严事。手掌作五百亿杂莲华色。手十指端，一一指端有八万四千画，犹如印文。一一画有八万四千色。一一色有八万四千光。其光柔

In jeder Lichtart befinden sich unermesslich unzählige hunderttausend Buddha Erscheinungen. Jeder Buddha wird von unzähligen Bodhisattvas begleitet, die sich beliebig frei in alle Welten von allen zehn Himmelsrichtungen verwandeln können.

Auf seinen Armen schimmert es farbig wie rote Lotusblumen, die sich in 80 Milliarden subtile Helligkeiten in Keyura Perlenketten verwandeln. In den Keyura Perlenketten erscheinen die Feierlichkeiten in aller prunkvollen Schönheit.

In seinen Handflächen erstrahlen 500 Milliarden Lotusblumen in verschiedenen Farben. Auf jeder Fingerspitze aller zehn Finger zeigen sich je 84000 Gemälde wie Ornamente. Jedes Gemälde enthält 84000 Farben. Jede Farbe strahlt wiederum 84000 Helligkeiten aus.

软，普照一切。以此宝手，接引
ruan　　pu zhao yi qie　　yi ci bao shou　　jie yin

众生。举足时，足下有千辐轮相
zhong sheng　　ju zu shi　　zu xia you qian fu lun xiang

，自然化成五百亿光明台。下足
　　zi ran hua cheng wu bai yi guang ming tai　　xia zu

时，有金钢摩尼华，布散一切，
shi　　you jin gang mo ni hua　　bu san yi qie

莫不弥满。其余身相，众好具足
mo bu mi man　　qi yu shen xiang zhong hao ju zu

，如佛无异，唯顶上肉髻，及无
　　ru fo wu yi　　wei ding shang rou ji　　ji wu

见顶相，不及世尊。是为观观世
jian ding xiang　　bu ji shi zun　　shi wei guan guan shi

音菩萨真实色身相，名第十观。
yin pu sa zhen shi se shen xiang　　ming di shi guan

"

Dieses sanfte Licht strahlt überall hin und scheint auf alles. Voller Erbarmen nimmt der Bodhisattva mit diesen eleganten Händen alle Lebewesen auf und leitet sie.

An seinen Fußsohlen befindet sich das Tausend-Speichen-Rad-Diagramm, mit dem er die Abdrücke hinterlässt, die sich spontan in 500 Milliarden leuchtende Plattformen umwandeln. Beim Bewegen werden Brillanten, Perlen und Blumen überall auf dem Boden verstreut.

Die anderen übrigen körperlichen Merkmale sind genau so schön wie die eines Buddhas, außer dem Usnisa auf dem Schädel und dem nicht sichtbar unendlich höchsten Punkt auf dem Schopf, die noch nicht so perfekt wie bei Buddha sind.

Diese Vorstellung von dem realistischen Aussehen bei Bodhisattva Avalokiteshvara ist die zehnte Weise zum Visualisieren."

佛告阿难："若欲观观世音菩萨
者，当作是观。作是观者，不遇
诸祸，净除业障，除无数劫生死
之罪。如此菩萨，但闻其名，获
无量福，何况谛观。若有欲观观
世音菩萨者，先观顶上肉髻，次
观天冠。其余众相，亦次第观之
，悉令明了，如观掌中。作是观
者，名为正观。若他观者，名为

Buddha sagte zu Ananda:

„Wenn wir Bodhisattva Avalokiteshvara visualisieren möchten, sollen wir ihn uns genauso vorstellen. Sich diesen Bodhisattva so vorzustellen ermöglicht es uns, alle Unglücksfälle zu vermeiden, das böse Karma im Leben zu bereinigen und sich von der Todsünde in der vergangenen unzähligen Kalpas Zeit zu erlösen.

Also, nur vom Hören des Namens dieses Bodhisattvas erhält man schon unerschöpflichen Segen, umsomehr wenn man den Bodhisattva konzentriert visualisiert.

Alles in allem, wenn jemand Bodhisattva Avalokiteshvara visualisieren möchte, fängt er am besten mit Usnisa auf dem Schädel an, dann mit der himmlischen Krone und den übrigen Körpermerkmalen, eins nach dem anderen, all diese Merkmale so deutlich, wie man seine eigene Handfläche sehen kann.

So ist die authentische Weise zu visualisieren, sonst gerät man leicht auf Abwege."

邪 观 。 "
xie guan

佛 告 阿 难 及 韦 提 希 ： " 次 观 大 势
fo gao a nan ji wei ti xi　　ci guan da shi

至 菩 萨 。 此 菩 萨 身 量 大 小 ， 亦 如
zhi pu sa　ci pu sa shen liang da xiao　yi ru

观 世 音 。 圆 光 面 各 百 二 十 五 由 旬
guan shi yin　yuan guang mian ge bai er shi wu you xün

， 照 二 百 五 十 由 旬 。 举 身 光 明 照
zhao er bai wu shi you xün　ju shen guang ming zhao

十 方 国 ， 作 紫 金 色 。 有 缘 众 生 ，
shi fang guo　zuo zi jin se　you yuan zhong sheng

皆 悉 得 见 。 但 见 此 菩 萨 一 毛 孔 光
jie xi de jian　dan jian ci pu sa yi mao kong guang

， 即 见 十 方 无 量 诸 佛 净 妙 光 明 ，
ji jian shi fang wu liang zhu fo jing miao guang ming

Buddha sagte zu Ananda und Vaidehi:

„Fürs Nächste können wir uns Bodhisattva Mahasthamaprapta vorstellen.

Dieser Bodhisattva ist genau so groß wie Bodhisattva Avalokiteshvara. Der Umfang des Lichtkreises hinter dem Bodhisattva beträgt 125 Yojana und strahlt 250 Yojana weit aus.

Die Helligkeit seines ganzen Körpers besteht aus goldener Farbe mit lila Schimmer und erhellt die Welten in allen zehn Himmelsrichtungen. Alle Lebewesen, die sich mit ihm verbunden fühlen, können sich ihn so gut vorstellen.

Wenn man einen Lichtstrahl aus der Pore Bodhisattvas sehen kann, kann man auch die reine, zauberhafte Helligkeit der unzähligen Buddhas aus allen zehn Himmelsrichtungen sehen.

Deswegen wird dieser Bodhisattva auch Bodhisattva des Unendlichen Lichts genannt.

是故号此菩萨名无边光。以智慧
光，普照一切，令离三途，得无
上力，是故号此菩萨名大势至。
此菩萨天冠有五百宝华。一一宝
华有五百宝台。一一台中，十方
诸佛净妙国土广长之相，皆于中
现。顶上肉髻，如钵头摩华。于
肉髻上有一宝瓶，盛诸光明，普
现佛事。余诸身相，如观世音，

Mit dem Licht der Weisheit bestrahlt er alles und leitet alle Lebewesen mit höchsten Kräften aus den drei finsteren Wegen heraus. Daher bekommt er den Namen Bodhisattva Mahasthamaprapta.

Die Krone dieses Bodhisattvas trägt 500 aus Edelsteinen geformten Blumen, jede Blume besitzt wiederum 500 mit Edelsteinen verzierte Bildschirme.

In allen Bildschirmen erscheinen die großen, breiten und wundervollen Welten von allen Buddhas aus allen zehn Himmelsrichtungen.

Der Usnisa auf seinem Schädel ist wie eine Padma Blume, auf der eine Schatz-Flasche sich befindet, die mit Helligkeit geladen ist und aus der die Herrlichkeit aller Buddhas erscheint.

Die restlichen körperlichen Merkmale dieses Bodhisattvas sind genauso wie die von Bodhisattva Avalokiteshvara.

等无有异。此菩萨行时，十方世界，一切震动，当地动处，有五百亿宝华，一一宝华，庄严高显如极乐世界。

此菩萨坐时，七宝国土，一时动摇。从下方金光佛刹，乃至上方光明王佛刹，于其中间，无量尘数分身无量寿佛，分身观世音、

Wenn dieser Bodhisattva umher wandelt, bebt alles in den Welten von allen zehn Himmelsrichtungen. Wohin die bebende Welle reicht, entstehen dort 500 Milliarden edle Blumen. Jede Blume ist so fein und wunderschön wie in der Welt Sukhavati.

Wenn dieser Bodhisattva sich setzt, werden alle 7-Schätze-Länder gleichzeitig erschüttert.

In der Mitte, zwischen dem unteren Goldlicht Buddha Land und dem oberen König-Helligkeit Buddha Land entstehen zauberhaft verwandelt, unzählig wie Staub, Gestalten von Buddha der Unbegrenzten Langlebigkeit, Bodhisattva Avalokiteshvara und Bodhisattva Mahasthamaprapta.

大势至，皆悉云集极乐国土，畟
塞空中，坐莲华座，演说妙法，
度苦众生。作此观者，名为观见
大势至菩萨。是为观大势至色身
相。观此菩萨者，名为第十一观
。除无数劫阿僧祇生死之罪。作
是观者，不处胞胎，常遊诸佛净
妙国土。此观成已，名为具足观
观世音、大势至。作是观者，名

Diese erschienenen Gestalten versammeln sich dicht über dem ganzen Himmel, auf einer Lotus-Plattform sitzend, im Lande der höchsten Glückseligkeit und tragen das wundervolle Dharma vor, um die Lebewesen vom Leiden zu erlösen.

Sich es so vorzustellen, nennen wir das Visualisieren von Bodhisattva Mahasthamaprapta. Das ist die Vorstellung von Bodhisattva Mahasthamaprapta in körperlicher Gestalt.

Diese 11. Weise zu visualisieren kann uns von den Lebens- und Todsünden aus unzähligen Asamkhya Kalpas befreien.

So visualisieren zu können verleiht uns die Fähigkeit, sich seelisch nicht mehr in einen embryonalen Umstand begeben zu müssen, sondern ermöglicht es uns, bewusst in alle reinen und wundervollen Länder zu reisen.

为 正 观 。 若 他 观 者 ， 名 为 邪 观 。
wei zheng guan　　ruo ta guan zhe　　ming wei xie guan

"

佛 告 阿 难 及 韦 提 希 ： "见 此 事 时
fo gao a nan ji wei ti xi　　jian ci shi shi

， 当 起 自 心 生 于 西 方 极 乐 世 界 ，
dang qi zi xin sheng yu xi fang ji le shi jie

于 莲 华 中 ， 结 跏 趺 坐 。 作 莲 华 合
yu lian hua zhong　　jie jia fu zuo　　zuo lian hua he

想 ， 作 莲 华 开 想 。 莲 华 开 时 ， 有
xiang　　zuo lian hua kai xiang　　lian hua kai shi　　you

五 百 色 光 ， 来 照 身 想 。 眼 目 开 想
wu bai se guang　　lai zhao shen xiang　　yan mu kai xiang

， 见 佛 菩 萨 满 虚 空 中 。 水 鸟 树 林
jian fo pu sa man xü kong zhong　　shui niao shu lin

Nachdem man die Bodhisattvas deutlich vor Augen hat, ist das Visualisieren von Bodhisattva Avalokiteshvara und Bodhisattva Mahasthamaprapta vollendet.

Das ist die authentische Weise zum Visualisieren, sonst gerät man auf Abwege."

Buddha sagte zu Ananda und Vaidehi weiter:
„In diesem Szenarium stellen wir uns weiter vor, dass wir im Schneidersitz in einer Lotusblüte mitten in der Westlichen Welt der höchsten Glückseligkeit sitzen.

Dabei öffnet und schließt sich die Blüte. Wenn die Blüte aufgeht, scheinen 500 farbige Lichter auf uns nieder.

Wir öffnen die Augen und sehen überall am Himmel die Erscheinungen von Buddha und den Bodhisattvas.

及与诸佛，所出音声皆演妙法，与十二部经合。若出定之时，忆持不失。见此事已，名见无量寿佛极乐世界。是为普观想，名第十二观。无量寿佛，化身无数，与观世音及大势至，常来至此行人之所。作是观者，名为正观。若他观者，名为邪观。"

Das plätschernde Wasser, die zwitschernden Vögel, die rauschenden Bäume und die Stimme von Buddhas tragen alle das wunderbare Dharma vor, das mit 12 Sutra Themen im Einklang ist.

Auch wenn wir aus der tiefen Meditation herauskommen, können wir uns immer noch daran erinnern.

So visualisieren wir die Welt Sukhavati von Buddha der Unbegrenzten Langlebigkeit. Das nennen wir die allgemeine visuelle Vorstellung, die 12. Weise zum Visualisieren.

Buddha der Unbegrenzten Langlebigkeit verwandelt sich in unzählige Inkarnationen und kommt mit Bodhisattva Avalokiteshvara und Bodhisattva Mahasthamaprapta immer wieder herab zu uns, wo wir Dharma-Praktizierenden sind.

So zu visualisieren ist authentisch, sonst verirrt man sich auf den Abwegen."

佛告阿难及韦提希："若欲至心
生西方者，先当观于一丈六像，
在池水上。如先所说，无量寿佛
身量无边，非是凡夫心力所及。
然彼如来宿愿力故，有忆想者必
得成就。但想佛像，得无量福，
况复观佛具足身相。阿弥陀佛，
神通如意，于十方国，变现自在
。或现大身，满虚空中。或现小

Buddha sagte weiter zu Ananda und Vaidehi:

„Wenn diejenigen, die sich von ganzem Herzen in der Westlichen Welt wieder geboren zu sein wünschen, sollen sie sich als erstes vorstellen, dass eine Buddha Gestalt, ein Zhang und sechs Chi groß, auf dem Teichwasser steht.

Wie bereits erwähnt, Buddha der Unbegrenzten Langlebigkeit ist unermesslich groß, sodass wir uns, als normale Menschen, ihn nicht vorstellen können.

Jedoch, dank der lang gehegten Wünsche und der Kraft Buddhas, wird es denjenigen gelingen, die danach streben, Erfolg zu haben. Allein an eine Buddha Erscheinung zu denken bringt schon immensen Segen, umsomehr, sich Buddha in einer vollkommenen Gestalt vorzustellen.

Buddha Amitabha ist allmächtig und kann sich beliebig in alle Länder in allen 10 Himmelsrichtungen verwandeln und begeben,

身，丈六八尺。所现之形，皆真金色。圆光化佛及宝莲华，如上所说。观世音菩萨及大势至，于一切处，身同众生。但观首相，知是观世音，知是大势至。此二菩萨，助阿弥陀佛普化一切，是为杂想观，名第十三观。作是观者，名为正观。若他观者，名为邪观。"

mal ist er ganz groß am vollen Himmel, mal ist er so klein, nur ein Zhang und 6, 8 Chi.

Die sichtbaren Gestalten erscheinen in purer Goldfarbe. Der leuchtende Lichtkreis von Buddha und die edlen Lotusblumen erscheinen wie oben schon beschrieben.

Bodhisattva Avalokiteshvara und Bodhisattva Mahasthamaprapta sehen an allen Orten in allen Ländern wie normale Menschen aus. Sie unterscheiden sich auch nur beim Kronen Schmuck auf dem Kopf voneinander.

Die beiden Bodhisattvas assistieren Buddha Amitabha, um alle Lebewesen im Dharma zu unterweisen.

Das nennen wir die diverse visuelle Vorstellung, die 13. Weise zum Visualisieren. So zu visualisieren ist authentisch, sonst gerät man auf Abwege."

佛告阿难及韦提希："凡生西方有九品人。上品上生者，若有众生，愿生彼国者，发三种心，即便往生。何等为三？一者至诚心。二者深心。三者迴向发愿心。具三心者，必生彼国。复有三种众生，当得往生。何等为三？一者慈心不杀，具诸戒行。二者读诵大乘方等经典。三者修行六念

Buddha sagte zu Ananda und Vaidehi:
„Um in der Westlichen Welt wiedergeboren zu werden, gibt es 9 Klassen von Praktizierenden.

In der obersten Klasse der obersten Stufe sind diejenigen, die drei Wünsche als Ziel haben. Welche drei?

1. Die, die sich von ganzem Herzen wirklich wünschen, in das Westliche Land geboren zu werden.
2. Sie glauben fest daran, dass es ihnen eines Tages gelingen wird, das Land zu erreichen.
3. Sie zeigen mit großem Wohlwollen dem Land ihre Zuneigung und fühlen sich mit dem Land verbunden.

Mit diesen drei Wunsch-Zielen wird man gewiss in dem Land wiedergeboren.

Oder es gibt drei Sorten von Lebewesen, die auch in dem Land wiedergeboren werden können. Welche drei?

迴向发愿，愿生彼国。具此功德，一日乃至七日，即得往生。生彼国时，此人精进勇猛故，阿弥陀如来与观世音、大势至、无数化佛、百千比丘、声闻大众、无量诸天、七宝宫殿，观世音菩萨执金刚台，与大势至菩萨，至行者前。阿弥陀佛放大光明，照行者身，与诸菩萨授手迎接。观世

1. Sie sind barmherzig, töten nicht beliebig und halten die Gebote ein.
2. Sie lesen und studieren die Mahayana Sutras.
3. Sie denken stets an die sechs prinzipiellen Glaubenssätze und praktizieren diese erworbene Kompetenz als Bestätigung, um in dem Land wiedergeboren zu werden.

Mit diesem tugendhaften Verdienst wird ein Praktizierender in einem Tag, oder sogar in sieben Tagen nach seinem Sterben in die Westliche Welt aufgenommen.

Bei der Wiedergeburt, weil er stets tapfer, kraftvoll und voller Energie gewesen ist, erscheinen dann vor ihm Buddha Amitabha, Bodhisattva Avalokiteshvara, Bodhisattva Mahasthamaprapta, unermessliche Buddha Gestalten, hunderttausend Bhiksus, die Sravaka Gemeinde, unzählige Himmelslebewesen und die mit sieben Schätzen erbauten Paläste am Himmel.

Bodhisattva Avalokiteshvara hält in der Hand einen Diamanten Sitz und kommt mit Bodhisattva Mahasthamaprapta zu diesem Praktizierenden.

音、大势至与无数菩萨，赞叹行
者，劝进其心。行者见已，欢喜
踊跃。自见其身，乘金刚台，随
从佛后，如弹指顷，往生彼国。

生彼国已，见佛色身，众相具足
。见诸菩萨色相具足。光明宝林
，演说妙法。闻已，即悟无生法
忍。经须臾间，厉事诸佛，遍十

Buddha Amitabha sendet verstärkt helles Licht aus, das auf den Praktizierenden scheint. Buddha und Bodhisattvas strecken ihm alle die Hände entgegen und nehmen ihn auf.

Bodhisattva Avalokiteshvara, Bodhisattva Mahasthamaprapta und andere unzählige Bodhisattvas loben den Praktizierenden und ermutigen ihn.

Der Praktizierende ist voller Freude und aufgemuntert. Er sieht sich selbst auf den Diamanten Sitz aufsteigend und Buddha folgend, wie mit den Fingern einmal schnipsen, ist er in jenem Land wiedergeboren.

Nachdem er in jenem Land wiedergeboren ist, sieht er sofort deutlich Buddha mit allen vollkommenen Merkmalen und auch die Bodhisattvas mit allen vollkommenen Merkmalen.

Die hell leuchtenden Juwelen-Bäume tragen das wundervolle Dharma vor. Der Praktikant hört dies und begreift auf Anhieb das Prinzip von der Lehre A-Nutpattika-Dharma-Ksanti.

方界，于诸佛前，次第受记。还
fang jie　　yu zhu fo qian　　ci di shou ji　　huan

至本国，得无量百千陀罗尼门。
zhi ben guo　　de wu liang bai qian tuo luo ni men

是名上品上生者。
shi ming shang pin shang sheng zhe

上品中生者，不必受持读诵方等
shang pin zhong sheng zhe　　bu bi shou chi du song fang deng

经典。善解义趣，于第一义，心
jing dian　　shan jie yi qu　　yu di yi yi　　xin

不惊动，深信因果，不谤大乘，
bu jing dong　　shen xin yin guo　　bu bang da sheng

以此功德，迴向愿求生极乐国。
yi ci gong de　　hui xiang yuan qiu sheng ji le guo

行此行者，命欲终时，阿弥陀佛
xing ci heng zhe　　ming yu zhong shi　　a mi tuo fo

Im Nu erlebt der Pratikant mit allen Buddhas alle Welten in allen zehn Himmelsrichtungen und er wird sich von allen Buddhas, einem nach dem anderen, bescheinigen lassen, dass er eines Tages erleuchtet sein wird.

Dann kehrt er zurück in das Westliche Land und hat sich bereits unermessliche hunderttausend Dharani angeeignet. Das ist die oberste Klasse der obersten Stufe.

Die Praktizierenden in der mittleren Klasse der obersten Stufe müssen zwar nicht ständig die Sutras über die universelle Gleichheit studieren, sollen sie jedoch
– die höchste Bedeutung der Lehre begreifen und sich nicht davor scheuen,
– vom Prinzip der Ursache und der Wirkung fest überzeugt sein,
– die Mahayana Lehre nicht verleugnen,
und mit tatkräftigem Willen beweisen und wünschen, dass sie in dem Westlichen Land wiedergeboren werden wollen.

与观世音、大势至、无量大众眷属围绕，持紫金台，至行者前，赞言："法子！汝行大乘，解第一义，是故我今来迎接汝。"与千化佛，一时授手。行者自见坐紫金台，合掌叉手，赞叹诸佛，如一念顷，即生彼国七宝池中。此紫金台，如大宝华，经宿则开。行者身作紫磨金色，足下亦有

Wenn so ein Praktizierender beim Sterben ist, erscheint Buddha Amitabha in Begleitung von Bodhisattva Avalokiteshvara, Bodhisattva Mahasthamaprapta und umgeben von unzähligen Himmelslebewesen und der Gemeinde vor ihm.

Buddha hält dem Praktizierenden einen lilagoldenen Lotus-Sitz hin und lobt ihn:
„Kind des Dharmas! Du hast die Mahayana Lehre im Leben gut umgesetzt und die höchste Bedeutung begriffen, deshalb begrüße ich Dich und nehme ich Dich jetzt auf."

Buddha Amitabha und seine tausend verwandelten Erscheinungen strecken ihm ebenfalls die Hände entgegen. Der Praktizierende sieht sich selbst auf dem lilagoldenen Sitz aufsteigend, die Hände zusammengefaltet und dabei alle Buddhas bewundernd.

Im Nu ist er mitten in einem 7-Schätze-Teich im Westlichem Land wiedergeboren. Dieser lilagoldene Sitz ist wie eine riesige Lotus-blüte und geht über Nacht auf. Der ganze Körper des Praktikanten scheint in lilagoldener Farbe und mit seinen Füßen steht er auf einer 7-Schätze-Lotusblume.

七宝莲华。佛及菩萨，俱放光明，照行者身。目即开明，因前宿习，普闻众声，纯说甚深第一义谛。即下金台，礼佛合掌，赞叹世尊。经于七日，应时即于阿耨多罗三藐三菩提，得不退转。应时即能飞行遍至十方，历事诸佛。于诸佛所，修诸三昧。经一小劫，得无生忍，现前受记，是名

Buddha und die Bodhisattvas leuchten auf und das Licht scheint auf den Praktikanten. Er öffnet die Augen, und weil er schon damit vertraut ist, hört er sofort alle Stimmen und begreift die vorgetragene höchste Wahrheit.

Er steigt vom goldenen Sitz ab, verbeugt sich händefaltend vor dem Buddha und lobt bewundernd den Welterhabenen Meister.

Nach 7 Tagen beherrscht er die Lehre von Anuttara-Samyak-Sambodhi und wird nie mehr davon abgehen. Dann ist er befähigt, überall in alle zehn Himmelsrichtungen zu fliegen und erlebt alles mit allen Buddhas in deren Welten.

Bei allen Buddhas lernt er alle Techniken von Samadhi und in einer kleinen Kalpa Zeit bekommt er das Zeugnis für die Lehre A-Nutpattika-Dharma-Ksanti und ihm wird bescheinigt, dass er eines Tages erleuchtet sein wird.

Das ist die mittele Klasse der obersten Stufe.

上品中生者。
shang pin zhong sheng zhe

上品下生者，亦信因果，不谤大
shang pin xia sheng zhe yi xin yin guo bu bang da
乘，但发无上道心。以此功德，
shang dan fa wu shang dao xin yi ci gong de
迴向愿求生极乐国。行者命欲终
hui xiang yuan qiu sheng ji le guo xing zhe ming yu zhong
时，阿弥陀佛及观世音、大势至
shi a mi tuo fo ji guan shi yin da shi zhi
与诸菩萨，持金莲华，化作五百
yu zhu pu sa chi jin lian hua hua zuo wu bai
佛，来迎此人。五百化佛，一时
fo lai ying ci ren wu bai hua fo yi shi
授手，赞言："法子！汝今清净
shou shou zan yan fa zi ru jin qing jing

Derjenige, der in die unterste Klasse der obersten Stufe kommt, glaubt auch fest an die Prinzipien von Ursache und Wirkung und zweifelt nicht an der Mahayana Lehre.

Er strebt danach, stets den höchsten Dharma Pfad zu befolgen, erweist dem Land mit seiner Tugendhaftigkeit einen Verdienst und wünscht sich, in das Land Sukhavati wiedergeboren zu werden.

Beim Sterben dieses Praktizierenden erscheint Buddha Amitabha in Begleitung von Bodhisattva Avalokiteshvara, Bodhisattva Mahasthamaprapta und andere Bodhisattvas vor ihm.

Buddha hält einen goldenen Lotusblumen-Sitz in der Hand, gemeinsam mit 500 verwandelten Buddha Erscheinungen, um ihn abzuholen.

Die 500 Buddha Erscheinungen strecken ihm gleichzeitig die Hände entgegen und loben ihn:

发 无 上 道 心 ， 我 来 迎 汝 。 "
fa wu shang dao xin　wo lai ying ru

见 此 事 时 ， 即 自 见 身 坐 金 莲 华 。
jian ci shi shi　ji zi jian shen zuo jin lian hua

坐 已 华 合 ， 随 世 尊 后 ， 即 得 往 生
zuo yi hua he　sui shi zun hou　ji de wang sheng

七 宝 池 中 。 一 日 一 夜 ， 莲 华 乃 开
qi bao chi zhong　yi ri yi ye　lian hua nai kai

， 七 日 之 中 ， 乃 得 见 佛 。 虽 见 佛
qi ri zhi zhong　nai de jian fo　sui jian fo

身 ， 于 众 相 好 ， 心 不 明 了 ， 于 三
shen　yu zhong xiang hao　xin bu ming liao　yu san

七 日 后 乃 了 了 见 。 闻 众 音 声 ， 皆
qi ri hou nai liao liao jian　wen zhong yin sheng　jie

演 妙 法 。 遊 历 十 方 ， 供 养 诸 佛 。
yan miao fa　you li shi fang　gong yang zhu fo

„Kind des Dharmas! Du hast ein reines Herz und strebst nach dem höchsten Dharma Pfad. Ich komme und nehme Dich jetzt auf."

Währenddessen sieht sich der Sterbende selbst auf dem goldenen Lotusblumen-Sitz aufsteigen. Die Blüte schließt sich, nachdem er Platz genommen hat. Buddha folgend befindet er sich im Nu in mitten eines 7-Schätze-Teichs im Westlichen Land.

Nach einem Tag und einer Nacht öffnet sich die Lotusblume wieder. Nach 7 Tagen sieht er dann Buddha.

Obwohl er die körperliche Gestalt von Buddha sieht, nimmt er die ausgezeichneten Merkmale nicht wahr. Erst nach 3 mal 7 Tagen kann er allmählich deutlich sehen und hört auch alle Stimmen, die das wundervolle Dharma vortragen.

Der Praktikant ist dann fähig, in alle Länder von allen zehn Himmelsrichtungen zu reisen, alle Buddhas zu verehren und ihnen Opfergaben darzubringen.

于诸佛前，闻甚深法。经三小劫，得百法明门，住欢喜地。是名上品下生者，是名上辈生想，名第十四观。作是观者，名为正观。若他观者，名为邪观。"

佛告阿难及韦提希："中品上生者，若有众生，受持五戒，持八戒斋，修行诸戒，不造五逆，无

Er lernt von allen Buddhas die höchste Bedeutung des Dharmas. Nach einer Zeit von drei kleinen Kalpas erlernt er die 100-Einführungstechniken zur Weisheit und begibt sich auf die Stufe der Glückseligkeit.

Das ist die unterste Klasse der obersten Stufe.

So an die drei obersten Klassen zu denken, das ist die 14. Weise zum Visualisieren. Es sich so vorzustellen ist authentisch, sonst gerät man auf Irrwege."

Buddha sagte zu Ananda und Vaidehi weiter:
„In der obersten Klasse der mittleren Stufe sind diejenigen, die die Fünf Gebote und die Acht Disziplinen einhalten und alle allgemeinen Regeln nicht brechen, die Fünf Kapitalverbrechen nie begehen und keinen gravierenden Fehler verursachen.

众过患，以此善根，迴向愿求生
于西方极乐世界。临命终时，阿
弥陀佛与诸比丘，眷属围绕，放
金色光，至其人所，演说苦空无
常无我，赞叹出家，得离众苦。
行者见已，心大欢喜。自见己身
，坐莲华台，长跪合掌，为佛作
礼。未举头顷，即得往生极乐世
界，莲华寻开。当华敷时，闻众

Mit solchen Tugenden als gute Wurzeln wünscht der Praktizierende sich, in Sukhavati wiedergeboren zu werden.

Beim Sterben erscheint vor ihm Buddha Amitabha in Begleitung von vielen Bhiksus und umgeben von der Gemeinde.

Im goldenen Lichtschein erläutert Buddha Amitabha die Lehre von der Bitternis des Samsaras, die Leere und die Vergänglichkeit des Lebens und die Wahrheit der Anatta und lobt das Leben ohne familiäre Fesseln eines Mönchs, in dem er von allen Leiden entkommen kann.

Der Praktizierende ist bei dieser Ansicht sehr beglückt. Er sieht sich selbst, wie er den Lotus-Sitz besteigt, sich niederkniet, verbeugt und die Hände vor Buddha faltet.

Kaum hebt er wieder den Kopf, ist er im Nu schon in Sukhavati wiedergeboren. Die Lotusblume öffnet sich sofort.

音声，赞叹四谛，应时即得阿罗
yin sheng　zan tan si di　　ying shi ji de a lu

汉道，三明六通，具八解脱，是
han dao　san ming liu tong　　ju ba xie tuo　shi

名中品上生者。
ming zhong pin shang sheng zhe

中品中生者，若有众生，若一日
zhong pin zhong sheng zhe　　ruo you zhong sheng　　ruo yi ri

一夜持八戒斋，若一日一夜持沙
yi ye chi ba jie zhai　　ruo yi ri yi ye chi sha

弥戒，若一日一夜持具足戒，威
mi jie　　ruo yi ri yi ye chi ju zu jie　　wei

仪无缺。以此功德，迴向愿求生
yi wu que　　yi ci gong de　　hui xiang yuan qiu sheng

极乐国。戒香熏修，如此行者，
ji le guo　　jie xiang xün xiu　　ru ci xing zhe

Während die Lotusblume aufgeht, nimmt der Praktikant auf einmal alle Stimmen, die die Vier Wahrheiten des Lebens erläutern, wahr.

Er erreicht auf Anhieb die Arhat Ebene, besitzt drei Arten der Hellsichtigkeit, sechs Weisen von Zauberkraft und beherrscht acht Techniken des Erlösens. Das ist die oberste Klasse der mittleren Stufe.

In der mittleren Klasse der mittleren Stufe sind diejenigen, die mindestens einen Tag und eine Nacht lang die Acht Disziplinen einhalten, oder die einen Tag und eine Nacht lang die Zehn Sramanera Gebote befolgen, oder die sich einen Tag und eine Nacht lang nach den 250 vollständigen buddhistischen Ordensregeln richten, stets würdevoll und frei von jeglichen Fehlern.

Mit diesem tugendhaften Verdienst als Beitrag erwidern sie dem Land Sukhavati und wünschen sich, in dem Land wiedergeboren zu werden.

命欲终时，见阿弥陀佛，与诸眷
属，放金色光，持七宝莲华，至
行者前，行者自闻空中有声，赞
言："善男子！如汝善人，随顺
三世诸佛教故，我来迎汝。"行
者自见坐莲华上，莲华即合，生
于西方极乐世界。在宝池中，经
于七日，莲华乃敷。华既敷已，
开目合掌，赞叹世尊。闻法欢喜

Wenn so ein Praktizierender, der die Gebote und die Ordensregeln stets einhält, als ob er lange unter positiver Beeinflussung mitten in wohlriechenden Düften steht, sieht er beim Sterben Buddha Amitabha in Begleitung der Gemeinden vor sich.

Buddha sendet goldenes Licht aus und hält ihm einen 7-Schätze-Lotusblume-Sitz hin. Der Praktizierende hört eine ihn lobende Stimme aus dem Himmel:
„Guter Mensch! So ein guter Mensch bist Du! Du befolgst die Lehre der Trai-Lokya Buddham, von allen Buddhas in Vergangenheit, Gegenwart und Zukunft. Ich komme jetzt und nehme Dich auf."

Der Praktizierende sieht sich selbst, wie er auf der Lotusblume Platz nimmt. Die Blume schließt sich und im Nu ist er in der Westlichen Welt Sukhavati wiedergeboren.

Nach sieben Tagen mitten im 7-Schätze-Teich geht die Blume erst auf. Danach öffnet er die Augen und lobt bewundernd den Welterhabenen Meister.

得须陀洹，经半劫已，成阿罗汉，是名中品中生者。

中品下生者，若有善男子、善女人，孝养父母，行世仁慈，此人命欲终时，遇善知识，为其广说阿弥陀佛国土乐事，亦说法藏比丘四十八愿。闻此事已，寻即命终。譬如壮士屈伸臂顷，即生西

Er hört dann das Dharma voller Freude und erreicht sofort die Srotapanna Ebene. Nach einer halben Kalpa Zeit wird er in die Arhat Ebene aufsteigen. Das ist die mittlere Klasse der mittleren Stufe.

In der untersten Klasse der mittleren Stufe sind die guten Männer und guten Frauen, die ihren Eltern gegenüber pietätvoll sind und im weltlichen Leben den anderen gegenüber Herzensgüte aufweisen.

Beim Sterben begegnet dieser Mensch glücklicherweise einem guten Kenner und Freund, der ihm die schönen Sachen in der Welt Buddha Amitabha und die 48 großartigen Gelübde des Bhiksus Dharmakara ausführlich erklärt.

Kurz nach dem Tod wird er so prompt, wie ein kräftiger Held seinen angewinkelten Arm so schnell ausstreckt, im Westlichen Land Sukhavati wiedergeboren.

方极乐世界。经七日已，遇观世
fang ji le shi jie jing qi ri yi yu guan shi

音及大势至，闻法欢喜，得须陀
yin ji da shi zhi wen fa huan xi de xü tuo

洹。过一小劫，成阿罗汉。是名
huan guo yi xiao jie cheng a luo han shi ming

中品下生者。是名中辈生想，名
zhong pin xia sheng zhe shi ming zhong bei sheng xiang ming

第十五观。作是观者，名为正观
di shi wu guan zuo shi guan zhe ming wei zheng guan

，若他观者，名为邪观。 "
ruo ta guan zhe ming wei xie guan

佛告阿难及韦提希："下品上生
fo gao a nan ji wei ti xi xia pin shang sheng

者，或有众生，作众恶业，虽不
zhe huo you zhong sheng zuo zhong e ye sui bu

Nach 7 Tagen kann der Praktikant Bodhisattva Avalokiteshvara und Bodhisattva Mahasthamaprapta seine Hochachtung bezeigen.

Mit Freude hört er das Dharma an und erreicht sofort die Srotapanna Ebene. Nach einer kleinen Kalpa Zeit gelangt er in die Arhat Ebene. Das ist die unterste Klasse der mittleren Stufe.

Die drei Klassen der mittleren Stufe sich vorzustellen, ist die 15. Weise zum Visualisieren. So zu visualisieren ist authentisch, sonst gerät man auf Abwege."

Buddha sagte weiter zu Ananda und Vaidehi:
„In der obersten Klasse der untersten Stufe sind diejenigen Lebewesen, die schon alle sündhaften Taten mit schlimmen Folgen begangen haben.

诽谤方等经典，如此愚人，多造恶法，无有惭愧，命欲终时，遇善知识，为说大乘十二部经首题名字，以闻如是诸经名故，除却千劫极重恶业。智者复教合掌叉手，称南无阿弥陀佛。称佛名故，除五十亿劫生死之罪。尔时，彼佛即遣化佛，化观世音，化大势至，至行者前，赞言："善男

Obwohl sie die Mahayana Lehre nicht verleugnen, verüben diese törichten Menschen doch ohne Schamgefühl viele üble Sachen.

Kurz vorm Sterben trifft so ein Mensch einen guten Kenner und Freund, der ihm die 12 Titel der Mahayana Sutras nahebringt. Beim Anhören der Namen der Sutras erlöst er sich von den schweren Sünden, die er in der vergangenen tausend Kalpas Zeit angehäuft hat.

Der weise Freund bringt ihm noch bei, händezusammenfaltend den Namen Buddha Amitabha zu rezitieren. Währenddessen erlöst er sich noch von den in 50 Milliarden Kalpas Zeit aufgebürdeten Lebens- und Todsünden.

In diesem Moment lässt Buddha Amitabha die verwandelte Buddha Erscheinung und die Erscheinungen von Bodhisattva Avalokiteshvara und Bodhisattva Mahasthamaprapta vor dem Praktizierenden erscheinen und sagt zu ihm:

子！以汝称佛名故，诸罪消灭，
zi yi ru cheng fo ming gu zhu zui xiao mie
我来迎汝。"
wo lai ying ru

作是语已，行者即见化佛光明，
zuo shi yu yi xing zhe ji jian hua fo guang ming
遍满其室，见已欢喜，即便命终
bian man qi shi jian yi huan xi ji bian ming zhong
。乘宝莲华，随化佛后，生宝池
cheng bao lian hua sui hua fo hou sheng bao chi
中，经七七日，莲华乃敷。当华
zhong jing qi qi ri lian hua nai fu dang hua
敷时，大悲观世音菩萨，及大势
fu shi da bei guan shi yin pu sa ji da shi
至菩萨，放大光明，住其人前，
zhi pu sa fang da guang ming zhu qi ren qian

„Guter Mensch! Weil Du Buddhas Namen rezitiert hast, werden all Deine Sünden gelöscht. Ich komme jetzt und nehme Dich auf."

Danach sieht der Praktizierende die hell leuchtende Buddha Erscheinung, deren Lichtschein sein Zimmer ausfüllt. Er ist von Freude erfüllt und stirbt.

Auf dem Schatz-Lotusblume-Platz sitzend folgt er der verwandelten Buddha Erscheinung und ist im Nu im Schatz-Teich wiedergeboren.

Erst nach 7 mal 7 Tagen geht die Lotusblume auf. Beim Öffnen der Blume erscheinen die erbarmungsvollen Bodhisattva Avalokiteshvara und Bodhisattva Mahasthamaprapta im verstärkt hellen Lichtschein vor dem Praktikanten.

为说甚深十二部经。闻已信解，发无上道心。经十小劫，具百法明门，得入初地，是名下品上生者。"

佛告阿难及韦提希："下品中生者，或有众生，毁犯五戒、八戒及具足戒，如此愚人，偷僧祇物，盗现前僧物，不净说法，无有

Die Bodhisattvas erläutern ihm ausführlich die 12 Sutra Themen.

Er hört aufmerksam zu, ist davon sehr überzeugt und entscheidet sich den höchsten Pfad zu befolgen. Nach 10 kleiner Kalpas Zeit beherrscht er die 100-Einführungstechniken zur Weisheit in die Mahayana-Satadharma-Prakasamukha-Sastra Lehre, und erreicht die erste Ebene Srotapanna. So ist die oberste Klasse der untersten Stufe."

Buddha sagte weiter zu Ananda und Vaidehi:
„Die mittlere Klasse der untersten Stufe sind diejenigen, die Fünf Gebote, Acht Gebote oder die umfassenden Ordensregeln schon mal gebrochen haben, die so töricht sind, die Sachen von allen Sangha zu stehlen, oder die gespendeten Sachen, die für die Sangha bestimmt sind, zu entwenden, die aus Gier und Dummheit falsche Lehren verbreiten, die sich selbstgefällig, ohne Schamgefühl, mit bösem Verbrechen und Benehmen feierlich und würdevoll darstellen.

惭愧，以诸恶业而自庄严。如此
can gui yi zhu e ye er zi zhuang yan ru ci

罪人，以恶业故，应堕地狱。命
zui ren yi e ye gu ying duo di yu ming

欲终时，地狱众火，一时俱至。
yu zhong shi di yu zhong huo yi shi ju zhi

遇善知识，以大慈悲，即为赞说
yu shan zhi shi yi da ci bei ji wei zan shuo

阿弥陀佛十力威德，广赞彼佛光
a mi tuo fo shi li wei de guang zan bi fo guang

明神力，亦赞戒、定、慧、解脱
ming shen li yi zan jie ding hui xie tuo

、解脱知见。此人闻已，除八十
xie tuo zhi jian ci ren wen yi chu ba shi

亿劫生死之罪。地狱猛火，化为
yi jie sheng si zhi zui di yu meng huo hua wei

清凉风，吹诸天华。华上皆有化
qing liang feng chui zhu tian hua hua shang jie you hua

Solcher sündhafte Verbrecher soll eigentlich zur Hölle fahren. Beim Sterben brennt das Höllenfeuer stürmisch um ihn herum.

Jedoch, wenn er mit Glück einen guten Kenner und Freund hat, der ihm über die zehn mächtigen Kräfte und von der Güte Buddha Amitabha erzählt, die hell leuchtende Zauberkraft Buddhas vor ihm anpreist, und ihm die Lehre der Gebote, der Meditation, der Weisheit, des Erlösens und der Einsicht der Erleuchtung hochschätzend empfiehlt.

Nachdem dieser Mensch all das gehört hat, wird er von der Lebens- und Todsünde aus 80 Milliarden Kalpas Zeit erlöst.

Das ungestüme Feuer aus der Hölle verwandelt sich in eine kühle Brise, die zum Himmel weht und die himmlischen Blumen streichelt.

佛菩萨，迎接此人。如一念顷，即得往生，七宝池中莲华之内。经于六劫，莲华乃敷。观世音、大势至，以梵音声安慰彼人，为说大乘甚深经典。闻此法已，应时即发无上道心。是名下品中生者。"

佛告阿难及韦提希："下品下生

Auf den Blumen stehen die verwandelten Buddha und Bodhisatt-vas Erscheinungen, die diese Person willkommen heißen. In diesem Augenblick wird er in einer Lotusblume mitten im 7-Schätze-Teich wiedergeboren.

Erst nach sechs Kalpas Zeit geht die Lotusblume auf. Bodhisattva Avalokiteshvara und Bodhisattva Mahasthamaprapta trösten mit richtig warmherziger Stimme den Praktikanten und erläutern ihm die tiefe Bedeutung der Mahayana Sutras.

Nachdem der Praktikant das gehört hat, beschließt er sofort nach dem Pfad der höchsten Erleuchtung zu streben.

Das ist die mittlere Klasse der untersten Stufe."

者，或有众生，作不善业，五逆、十恶，具诸不善。如此愚人，以恶业故，应堕恶道，经历多劫，受苦无穷。如此愚人，临命终时，遇善知识，种种安慰，为说妙法，教令念佛，彼人苦逼，不遑念佛。善友告言："汝若不能念彼佛者，应称无量寿佛。如是至心，令声不绝，具足十念，称

Buddha sagte zu Ananda und Vaidehi weiter:

„In der untersten Klasse der untersten Stufe sind diejenigen, die viel Ungutes tun, die die Fünf Kapitalverbrechen begehen, die die Zehn Übeltaten verüben und alle Arten von Unheil anrichten.

Diese törichten Menschen mit so schlechtem Karma sollen eigentlich in die niedrige finstere Ebene fallen und fast unendlich für mehrere Kalpas leiden.

Jedoch, während so ein törichter Mensch stirbt, kommt glücklicherweise ein guter Kenner und Freund, der ihm viel Trost spendet, ihm das wundervolle Dharma erklärt, und ihm beibringt, Buddha zu visualisieren.

Weil der Sterbende unter großen Schmerzen leidet, ist er kaum bei Sinnen. Der gute Freund gibt ihm den Rat und sagt: „Wenn Du Dir Buddha nicht vorstellen kannst, sollst Du mindestens den Namen Buddha der Unbegrenzten Langlebigkeit einfach wiederholt aussprechen.

南无阿弥陀佛。"

nan mo a mi tuo fo

称佛名故，于念念中，除八十亿

cheng fo ming gu yu nian nian zhong chu ba shi yi

劫生死之罪。命终之时，见金莲

jie sheng si zhi zui ming zhong zhi shi jian jin lian

华，犹如日轮，住其人前，如一

hua you ru ri lun zhu qi ren qian ru yi

念顷，即得往生极乐世界。于莲

nian qing ji de wang sheng ji le shi jie yu lian

华中，满十二大劫，莲华方开。

hua zhong man shi er da jie lian hua fang kai

当华敷时，观世音、大势至，以

dang hua fu shi guan shi yin da shi zhi yi

大悲音声，为其广说诸法实相，

da bei yin sheng wei qi guang shuo zhu fa shi xiang

So konzentriert wie möglich! Wiederhole
– *Namo Amitabha Buddha* - ununterbrochen in zehn Atemzügen!"

Weil er den Namen Buddhas ununterbrochen ausspricht, wird er mit jedem Atemzug von der Lebens- und Todsünde aus vergangener 80 Milliarden Kalpas Zeit allmählich erlöst.

Zum Schluss erscheint ihm eine goldene Lotusblume, so groß wie die Sonnenkorona. Im Nu ist er in die Welt Sukhavati wiedergeboren.

So mitten in der Lotusblume vergeht 12 große Kalpas Zeit, dann öffnet sich die Blume erst. Nachdem die Blume geöffnet ist, erzählen ihm Bodhisattva Avalokiteshvara und Bodhisattva Mahasthamaprapta mit erbarmungsvoller Stimme ausführlich die Wahrheit des Dharmas, um ihm zu helfen, von seinen Sünden befreit zu werden.

除灭罪法。闻已欢喜，应时即发
chu mie zui fa　wen yi huan xi　ying shi ji fa

菩提之心，是名下品下生者。是
pu ti zhi xin　shi ming xia pin xia sheng zhe　shi

名下辈生想，名第十六观。"
ming xia bei sheng xiang　ming di shi liu guan

尔时世尊说是语时，韦提希与五
er shi shi zun shuo shi yu shi　wei ti xi yu wu

百侍女，闻佛所说，应时即见极
bai shi nü　wen fo suo shuo　ying shi ji jian ji

乐世界广长之相。得见佛身及二
le shi jie guang chang zhi xiang　de jian fo shen ji er

菩萨。心生欢喜，叹未曾有，豁
pu sa　xin sheng huan xi　tan wei ceng you　huo

然大悟，逮无生忍。五百侍女，
ran da wu　dai wu sheng ren　wu bai shi nü

Der Praktikant fühlt sich so glücklich, dass er sofort den Entschluss fasst, eines Tages Bodhi zu erlangen.

Das ist die unterste Klasse der untersten Stufe. An die drei Klassen der untersten Stufe zu denken ist die 16. Weise zum Visualisieren."

Nachdem Buddha, der Welterhabene Meister, all das erläutert hat, konnten Vaidehi und ihre 500 Zofen auf einmal die großartige, prächtige Welt Sukhavati sehen.

Sie hatten auch Buddha Amitabha und die zwei großen Bodhisattvas deutlich vor Augen. Mit großer Freude erfüllt bewunderten und lobten sie, dass sie so was noch nie im Leben gesehen hatten.

Und sie kamen plötzlich zur Einsicht in der A-Nutpattika-Dharma-Ksanti Lehre.

发阿耨多罗三藐三菩提心，愿生彼国。世尊悉记，皆当往生。生彼国已，获得诸佛现前三昧。无量诸天，发无上道心。

尔时阿难，即从座起，白佛言："世尊！当何名此经？此法之要，当云何受持？"

Die 500 Zofen gelobten, eines Tages die Anuttara-Samyak-Sambodhi zu erlangen und in jenem Land wiedergeboren zu werden.

Der Welterhabene Meister bescheinigte ihnen, dass, wenn sie in jenem Land wiedergeboren sind, dann die Fähigkeit besitzen, in Samadhi alle Buddhas sehen zu können.

Auch unzählige Himmelslebewesen gelobten dem Pfad der höchsten Erleuchtung zu folgen.

In jenem Moment stand Ananda von seinem Platz auf und fragte Buddha:
„Welterhabener Meister! Wie nennen wir dieses Sutra? Und wie bewahren und führen wir das Wesentliche aus?"

佛告阿难："此经名观极乐国土，无量寿佛，观世音菩萨，大势至菩萨。亦名净除业障，生诸佛前。汝等受持，无令忘失！行此三昧者，现身得见无量寿佛及二大士。若善男子及善女人，但闻佛名、二菩萨名，除无量劫生死之罪，何况忆念。若念佛者，当知此人，则是人中芬陀利华。观

Buddha sagte Ananda:

„Dieses Sutra nennen wir

Visualisierung des Landes Sukhavati,

Buddha der Unbegrenzten Langlebigkeit,

Bodhisattva Avalokiteshvara und

Bodhisattva Mahasthamaprapta

und wir nennen es auch

Das Karma vollkommen zu bereinigen

und im Lande Buddhas wiedergeboren zu sein.

Ihr solltet es schön bewahren und ausführen und im Lauf der Zeit nicht vergessen oder verschwinden lassen!

Diejenigen, die diese Samadhi beherrschen, können schon in jetzigem Leben Buddha der Unbegrenzten Langlebigkeit und die zwei hochgeachteten Meister sehen.

Wenn gute Männer und gute Frauen den Namen von Buddha und den zwei Bodhisattvas hören, werden sie schon jetzt von Lebens-

世音菩萨，大势至菩萨，为其胜
shi yin pu sa　　da shi zhi pu sa　　wei qi sheng
友。当坐道场，生诸佛家。"
you　　dang zuo dao chang　　sheng zhu fo jia

佛告阿难："汝好持是语。持是
fo gao a nan　　ru hao chi shi yu　　chi shi
语者，即是持无量寿佛名。"
yu zhe　　ji shi chi wu liang shou fo ming

佛说此语时，尊者目犍连、尊者
fo shuo ci yu shi　　zun zhe mu jian lian　　zun zhe
阿难及韦提希等，闻佛所说，皆
a nan ji wei ti xi deng　　wen fo suo shuo　　jie
大欢喜。尔时，世尊足步虚空，
da huan xi　　er shi　　shi zun zu bu xü kong

und Todsünden aus unzähligen Kalpas Zeit befreit, umsomehr, wenn sie sich stets an diese erinnern.

Diejenige, die Buddha im Herzen tragen, von denen wissen wir, dass sie wie die reinsten Pundarjka Blumen unter den normalen Menschen weilen.

Bodhisattva Avalokiteshvara und Bodhisattva Mahasthamaprapta sind ihre treuen und zielbewussten Kameraden.

Diese Menschen sollen einen Platz in der Bodhimanda haben und eines Tages in Buddhas Land wiedergeboren werden."

Buddha sagte zu Ananda:
„Bewahre schön diese Worte! Und führe diese aus, sie sind genau so viel wert wie den Namen Buddha der Unbegrenzten Langlebigkeit im Herzen zu tragen."

还耆阇崛山。尔时，阿难广为大
众说如上事。无量诸天、龙、夜
叉，闻佛所说，皆大欢喜，礼佛
而退。

Als Buddha dies vorgetragen hatte, freuten sich der hochgeachtete Edler Maudgalyayana, der hochgeachtete Edler Ananda und Vaidehi.

Dann erhob Buddha sich am Himmel und kehrte zurück zum Berg Grdhrakuta. Nachdem sie alle auf den Berg Grdhrakuta zurück ge-kehrt waren, trug Ananda das Sutra nochmals ausführlich für die Gemeinde vor.

Unzählige Himmelslebewesen, Devas, Nakas und Yaksas nahmen mit großer Freude an, was Buddha gesagt hatte, und verabschie-deten sich mit Respekt von Buddha.

佛说观无量寿佛经

三宝弟子纱福恭译中文成德文

西元两千零一十九 年十月于德国汉堡/ 娑婆世界

Buddha der Unbegrenzten Langlebigkeit
Visualisierung des Landes Sukhavati

Übersetzung vom Chinesischen ins Deutsche von
Miao Fu, Schüler der drei Buddhistischen Juwelen
– Buddha, Dharma und Sangha –

Oktober 2019 in Hamburg, Deutschland/ Erde, Soha Welt

皈 依 佛
皈 依 法
皈 依 僧

Wir bekennen uns
zu der Lehre Buddhas

释 词

阿罗汉 － 意为不生或杀贼，杀烦恼贼。小乘佛教最高的果位，不再受生死果报，当受人天供养。

阿耨多罗三藐三菩提 － 意为无上正等正觉，真正平等觉知一切真理之无上智慧，就是修学佛法最终达到的目标。

阿僧祇 － asamkhya, 译为无量数、无央数，意为不可计数，多到没有数目可以计算。是一个佛典中常用的数字词，极大数，比喻长久无尽的时间。

八池水、八功德水 － 西方极乐世界池中的水有八种殊胜的特质，即澄净、清凉、甘美、轻软、润泽、安和、能除饥渴、长养诸根。

八戒斋 － 又作八关斋、八支斋、八戒。就是不杀、不盗、不淫、不妄语、不饮酒、不自装饰去看歌舞、不眠卧高广华丽床座、不吃非时之食即午后不食。第一条到第七条是戒，第八条是斋，故统称八戒斋。

八解脱 – asta vimoksah，译为八背舍、八惟无，以八种禅修方式，洁净五欲，离开贪着的心。八个阶段：1。内有色想观外色解脱 2。内无色想观外色解脱 3。净解脱身作证具足住 4。空无边处解脱 5。识无边处解脱 6。无所有处 解脱 7。非想非非想处解脱 8。灭受想定身作证具足住。

百法明门 – 佛法中修行开智慧的一百种方法。 1。心法有八种 2。心所有法五十一种 3。色法有十一种 4。 心不相应行 法有二十四种 5。无为法六种， 共一百种。 是以修禅定入门，开智慧，终成佛，故称为百法明门。

法藏比丘 – 阿弥陀佛未成佛之前是国王，他放弃王位出家当和尚，在学佛的菩提道上称为法藏比丘。当时他发下四十八愿，成佛时必定接引众生将来也能成佛。

芬多利华 – 大白莲华，长在西方极乐世界七宝池中。莲华出污泥而不染，比喻念佛人清净、尊贵，虽生于五浊世间，却有超脱的品格。人中芬多利华，即妙好人，上上人，稀有人，最胜人。

劫 – 长时或大时，就世界成住坏空而立之数量。 人寿平均年龄自十岁，百年增一岁，增至八万四千岁。 再由平均年龄八万四千岁，每百年减一岁。 如此一增 一减为一小劫。 二十小劫为一中劫。经过成、住、坏、空四期，共八十小劫为一大劫。 十大劫大约是地球上13438400000年。

耆阇崛山 – Grdhrakuta, 灵鹫山，位于古代中印度，摩揭陀国首都王舍城东北方的一座山，山顶似鹫故名。 是佛陀讲经之地。

三归 – 或三皈，即皈依佛、皈依法、皈依僧

三明六通 – 证得俱解脱阿罗汉果的圣者能够修行得到的神通能力。三明是天眼明、宿命明、漏尽明。 六通是六种神通境界，即神足通、天眼通、天耳通、他心通、宿命通、漏尽通。

三途 – 地狱、恶鬼、畜生之途，地狱猛火所烧之处，恶鬼被刀杖逼迫之处，畜生 互相啖食之处。

十善业 – 不犯十恶业就是行十善业。 不作杀、盗、淫、妄语、两舌、恶口、绮语、贪、嗔、痴十种事。 通常来说，顺理是善，违理的是恶 。

王舍城 – 古印度佛陀时代摩揭陀国的都城，是国王频婆娑罗所建。王舍城也是佛教和耆那教圣地。

五苦 - 生老病死苦、爱别离苦、 怨憎会苦、求不得苦、五阴炽盛苦。

无生法忍 – 理本不生不灭， 不生故名无生。 无生之法，忍可忍乐，不动不退。 菩萨契入这个境界， 忍当承认解， 即完全肯定没有怀疑，确实是不生不灭。菩萨八地境界，高级禅定，远离生灭。是不生不灭法，宇宙万有本体，无中生有 。

须陀洹 – **梵文 Srotapanna,** 意为预流、入流， 南传佛教中的修行位阶，沙门四果 中的初果 。

由旬 – **Yojana,** 是古印度的一个长度单位，佛教沿用。 古代帝王一日行军的距离，大约是三十至四十公里。

丈六八尺 – 即一丈六尺八寸，人长八尺，佛的化身则 倍之丈六。一丈10尺，一尺是0，33米， 一丈六是5，28米， 一丈六尺八寸大约等于现在的5，54米。

Begriffe

die Acht Disziplinen – 1. nicht töten, 2. nicht stehlen, 3. Kein unmorali-sches Sexleben treiben, 4. nicht betrügen, 5. sich nicht betrinken, 6. Kein Make-up tragen, ins Theater, ins Konzert oder in die Oper gehen, 7. nicht auf großem, luxuriösem Bett schlafen, 8. nicht mehr essen nach der Mit-tagszeit; 1.- 7. sind Disziplinen des Benehmens, 8. ist eine Disziplin des Fastens

die acht wunderbaren Eigenschaften des Teichwassers – das Wasser im Teich der Welt Sukhavati ist rein, kühl, süß, weich, geschmeidig, harmo-nisch, durstillend und sättigend und Gesundheitsfördernd

A-Nutpattika-Dharma-Ksanti – wörtlich erklärt bedeutet es kein Leben und keine Nachsicht; nicht abhängig von Geburt und Tod; eine Mahayana-Buddhismus Terminologie beschreibt eine Errungenschaft der Bodhisatt-vas, die durch die Praxis von Toleranz, Demut, Weisheit, den drei Lösungsmethoden, die Fähigkeit den Zustand „Nirvana" zu erkennen; die Erkenntnislehre, es gibt in Wirklichkeit kein Leben- und Todesgesetz und keinen Rückzug

Anuttara-Samyak-Sambodhi – die höchste vollkommene Erleuchtung

Arhat – der Erleuchtete, der das Nirvana erlangt hat, daher nicht wieder in den Zyklus des unkontrollierten Todes und der Wiedergeburt eingehen muss; der Ehrwürdige verdient Darbringungen von allen Lebewesen

Asamkhya – unzählbar, im alten Indien beschreibt man eine extrem große Zahl

Asta Vimoksah – die acht Lösungen zum sich Befreien von körperlichen und geistigen Fesseln sind Sammelbegriffe von acht Meditationsmethoden

Bhiksus Dharmakara – Buddha Amitabha war ein König gewesen, bevor er erleuchtet war; später gab er seinen Thron auf und wurde ein Mönch; auf seinem Bodhi-Pfad wurde er von seinem Meister Bhiksus Dharmakara genannt

die Drei finsteren Wege – 1. Der Feuer-Weg führt zur Hölle, wo das Fegefeuer brennt; 2. Der Blut-Weg führt zur Tier-Ebene, wo diese sich gegenseitig töten, fressen und gefressen werden; 3. Der Messer-Weg führt zur Hungergeist-Ebene, wo man mit Messern und Stöcken geschlagen, gezwungen, genötigt und gedrängt wird; die Lebewesen werden je nach ihrem Karma auf eine von den sechs Lebensebenen wiedergeboren; es gibt Himmel-, Menschen-, Asura-, Tiere-, Hungergeister-, und Höllen-Ebenen; mit positivem Karma geht man zu einer der ersten drei höheren Ebenen, mit negativem Karma geht man zu einer der letzten drei niedrigeren Ebenen, jedoch sind diese Ebenen eher Lebenszustände, die man selbst empfindet

die Drei Weisheiten und Sechs Zauberkräften – die drei Weisheiten sind: 1. Augen sehen alles klar, 2. Wissen von eigenem Schicksal, 3. Bewusst zu sein ohne jegliche Unzulänglichkeiten; die sechs Zauberkräften sind außer den o.g. drei Fähigkeiten noch: 4. kann sich beliebig im Nu überall und in jeder Zeit befinden, 5. kann übermenschlich von Weitem hören und 6. Kann Gedanken von anderen lesen; die 6 übersinnlichen Fähigkeiten werden durch die Meditationspraxis ausgebildet und hängen vom Grad der Meditation ab

die Fünf Leiden im Leben – die fünf Sorten Leiden im Leben: 1. Geboren werden, altern, krank werden und sterben; 2. Trennen von geliebten Menschen oder Dingen; 3. Zusammen leben mit Groll und Unzufriedenheit; 4. Nicht bekommen, was man heiß ersehnt; 5. Durch die oben erwähnten vier Sorten Leiden wird man noch kränklicher und dadurch noch mehr leiden

Grdhrakuta – der Geiergipfel, auch bekannt als der Heilige Adlergipfel, ein Berg in Nordosten von der indischen Antiken Stadt Rajagriha; war der Rückzugsort Buddha Shakyamuni

die Kalpa – die längste Zeiteinheit in der zyklischen Kosmologie; bezeichnet einen sehr langen Zeitabschnitt; sie wird nach buddhistischer Lehre so berechnet: das Menschleben von durchschnittlich 10 Jahren, je weitere hundert Jahre verlängert sich das Lebensalter um ein Jahr mehr, bis zum Alter von 84000 Jahren; ab dann verkürzt sich das Menschenleben wieder je hundert Jahre um 1 Jahr weniger, bis zum durchschnittlichen Alter von 10 Jahren; so ist ein Zyklus, den das Universum braucht, um zu entstehen, zu verweilen, zu vergehen und zu verfallen in die Formlosigkeit und Undefinierbarkeit, so wird eine kleine Kalpa genannt; 20 kleine Kalpas machen eine mittlere Kalpa; durch 4 Perioden: Entstehen, Verweilen, Vergehen und Verfallen bilden eine große Kalpa; also, insgesamt 80 kleine Kalpas machen eine große Kalpa; zehn große Kalpas wären nach unserer irdischen Zeitrechnung ca. 13438400000 Jahre

Pundarjka – weiße Lotusblüte, symbolisiert Reinheit und Edelmut

Rajagriha – eine indische Antike Stadt im heutigen indischen Bundesstaats Bijar; sie wurde vom König Bimbisara erbaut; ist ein buddhistisches Zentrum

San-Gui – Glauben an Buddha, Dharma und Sangha

Satadharma-Prakasamukha – buddhistische Terminologie, die hundert wichtigsten Methoden zur Weisheit; sind in 5 Stufen gegliedert; die Einführung in die Praxis Bodhisattvas Disziplinen; enthalten alle wesentlichen Lehren und führen schließlich zur Erkenntnis, dass alles ohne bestimmtes „Ich" ist, „Leerheit" ist die Wahrheit und um in den Nirwana Zustand zu gelangen

Srotapanna – bedeutet Stromeingetretener; eine Person, die die ersten drei von insgesamt zehn Fesseln des Geistes überwunden hat und die erste Stufe von 4 Stufen zur Erleuchtung erreicht hat

Yojana – ein Entfernungsmaß, das im alten Indien verwendet wurde; die Entfernung, die Königstruppen in der alten Zeit pro Tag marschierten, ungefähr 30/40 Kilometer

Zehn Gute Wohltaten – wenn man die Zehn Unheilsamen Taten vermeidet, dann tut man etwas Gutes, nämlich nicht töten, nicht stehlen, nicht unmoralisches Sexleben treiben; nicht lügnerisches, zwieträchtiges, verletzendes und sinnloses reden; keine Gier, kein Hass und keine Verblendung im Herzen tragen; dies sind die guten zehn Wege, die zum glücklichen Leben führen

Zhang 6,8 Chi – Buddhas Licht-Erscheinung für menschlichen Augen wahrzunehmen ist normalerweise in dieser Größe; ein Zhang beträgt 10 Chi, 1 Chi entspricht 33 CM; 1 Zhang 6 Chi macht insgesamt ca. 528 CM; 1 Zhang 6,8 Chi macht ca. 554 CM

参 考 经 书 和 善 书 名 单

Literaturliste

阿弥陀佛和他的极乐世界 - 陈义孝居士 / 台北佛陀教育基金会印/
Taipei, Taiwan

阿弥陀经要解讲义 - 明藕益大师要解，清圆瑛法师讲义 / 台北佛陀
教育基金会印/ Taipei, Taiwan

阿难问事佛吉凶经 - 后汉沙门安世高译 / 台北佛陀教育基金会印 /
Taipei, Taiwan

安士全书 - 清怀西居士周安士著述 / 台北佛陀教育基金会印 /
Taipei, Taiwan

大方广佛华严经 - 唐于阗国三藏沙门实叉难陀译 / 台北佛陀教育基
金会印 / Taipei, Taiwan

大方广圆觉修多罗了义经 - 唐罽宾沙门佛陀多罗译 / 台北佛陀教育
基金会印 / Taipei, Taiwan

大佛顶首楞严经 - 唐天竺沙门般剌密帝译 / 台北佛陀教育基金会印
/ Taipei, Taiwan

大乘妙法莲华经 - 姚秦三藏法师鸠摩罗什奉詔译 / 台北佛陀教育基
金会印 / Taipei, Taiwan

佛说阿弥陀经 – 姚秦三藏法师鸠摩罗什译 / 台北佛陀教育基金会印
/ Taipei, Taiwan

佛说大乘无量寿庄严请净平等觉经 – 菩萨戒弟子郓城夏莲居会集各
译 / 台北佛陀教育基金会 / Taipei, Taiwan

佛说观无量寿佛经 – 刘宋西域三藏法师畺良耶舍译 / 台北佛陀教育
基金会印 / Taipei, Taiwan

佛说灌顶拔除过罪生死得度经 – 东晋天竺三藏帛尸梨蜜多罗译 / 台
北佛陀教育基金会印 / Taipei, Taiwan

佛说药师如来本愿经 – 隋天竺三藏达摩笈多译 / 台北佛陀教育基金
会印 / Taipei, Taiwan

佛学大辞典 – 丁福保编 / 台北佛陀教育基金会印 / Taipei, Taiwan

佛学入门 – 佛陀教育基金会编印 / Taipei, Taiwan

佛学问答 - 李炳南居士著述 / 台北佛陀教育基金会印 / Taipei, Taiwan

感应篇汇编白话故事集 – 苏俊源编撰 / 台北佛陀教育基金会印 /
Taipei, Taiwan

观世音菩萨普门品讲记 – 演培法师讲 / 台北佛陀教育基金会印 /
Taipei, Taiwan

金刚般若波罗蜜经 – 姚秦三藏法师鸠摩罗什译 / 台北佛陀教育基金
会印 / Taipei, Taiwan

了凡四训讲记/修福积德造命法 – 净空法师讲述 / 台北佛陀教育基金会印 / Taipei, Taiwan

普贤大士行愿的启示 – 净空法师讲述 / 台北佛陀教育基金会印 / Taipei, Taiwan

如何消业障菩提道上一帆风顺 – 台北佛陀教育基金会编印 / Taipei, Taiwan

生与死-佛教轮回说 – 陈兵 著 / 内蒙古人民出版社, 呼和浩特 / Mongorian

谈因 – 尤雪行居士编 / 台北佛陀教育基金会印 / Taipei, Taiwan

药师本愿经讲记 – 太虚大师著 / 台北佛陀教育基金会印 / Taipei, Taiwan

药师经疏钞择要 – 伯亭老人疏钞 . 普霖择要 / 台北佛陀教育基金会印 / Taipei, Taiwan

药师经析疑 – 弘一大师著 / 台北佛陀教育基金会印 / Taipei, Taiwan

药师经注辑 – 刘朗暄居士解 / 台北佛陀教育基金会印 / Taipei, Taiwan

药师琉璃光七佛本愿功德经 – 唐三藏法师义净译 / 台北佛陀教育基金会印 / Taipei, Taiwan

药师琉璃光如来本愿功德经 – 唐三藏法师玄奘译 / 台北佛陀教育基金会印 / Taipei, Taiwan

●●●　❖　●●●

Buddha, sein Leben, sein Wirken, seine Lehre – Osho, übersetzt von Jochen Lehner / Lotos Verlag, München

Buddhismus für Dummies – Jonathan Landaw, Stephan Bodian / Wiley-VCH Verlag, Weinheim

Das Tibetische Buch vom Leben und vom Sterben – Sogyal Rinpoche / Fischer Taschenbuch Verlag, Frankfurt am Main

Das Wort des Buddha – Nyanatiloka / The Corporate Body of the Buddha Educational Foundation / Taipei, Taiwan

Die Mythen Asiens – Clio Whittaker, übersetzt von Wiebke Diederichs / Evergreen GmbH, Köln

Geheimnisse des Buddhismus – Tom Lowenstein / Gerstenberg Verlag, Hildesheim

Mit dem Herzen denken – DalaiLama, aus dem Englischen von Sabine von Minden / Fischer Taschenbuch Verlag, Frankfurt am Main

Was die Seele krank macht & was sie heilt – Thomas Schäfer / Weltbild Verlagsgruppe GmbH, Steinerne Furt, Augsburg.

Wenn der Körper Signale gibt, die psychotherapeutische Arbeit Bert Hellingers – Thomas Schäfer / Weltbild Verlagsgruppe GmbH, Steinerne Furt, Augsburg

A Pictorial Biography of Sakyamuni Buddha, Chinese-English, Original Illustration and Narration in Thai by Gunapayuta, translation into Chinese by Bhiksu Jan Hai, translation into English by Z.A. Lu / The Corporate Body of the Buddha Educational Foundation / Taipei, Taiwan

Brahma-Net Sutra, Moral Code of the Bodhisattvas – Sutra Translation Committee of the United States and Canada / The Corporate Body of the Buddha Educational Foundation / Taipei, Taiwan

Changing Destiny / Liaofan's Four Lessons – Ven. Master Chin Kung / The Corporate Body of the Buddha Educational Foundation / Taipei, Taiwan

Heart Sutra – translation by Master Lok To/ The Corporate Body of the Buddha Educational Foundation / Taipei, Taiwan

Master Hsu Yun's Discourses and Dharma Words – edited, translated and explained by Charles Luk / The Corporate Body of the Buddha Educational Foundation / Taipei, Taiwan

Medicine Buddha Sutra – Dharma Master Hsuan Jung by Minh Thanh & P.D. Leigh / The Corporate Body of the Buddha Educational Foundation / Taipei, Taiwan

Pure Land Pure Mind – Master Chu-Hung and Master Tsung-Pen, translated by J.C. Cleary / Sutra Translation Committee of the United States and Canada / New York, San Francisco, Toronto

Pure-Land Zen, Zen Pure-Land – Letters from Patiarch Yin Kuang, translated by Master Thich Thien Tam / Sutra Tranlation Committee of the United States and Canada / New York, San Francisco, Toronto

The Four Buddhist Books in Mahayana – translated and compiled by Upasika Chihmann (Miss P.C. Lee of China) Bodhisattva in Precepts /The Corporate Body of the Buddha Educational Foundation / Taipei, Taiwan

The Sutra of Bodhisattva Ksitigarbha´s Fundamental Vows – Translation by Upasaka Tao-Tsi Shih / The Corporate Body of the Buddha Educational Foundation / Taipei, Taiwan

To Understand Buddhism – The Collected Works of Venerable Master Chin Kung / The Corporate Body of the Buddha Educational Foundation / Taipei, Taiwan / http://www.budaedu.org / E-Mail:budaedu@budaedu.org

台湾台北佛教基金会
http://www.budaedu.org
E-Mail:budaedu@budaedu.org

佛说观无量寿佛经 白话解释 黄智海居士 讲述 尘空法师鉴定
https://bookgb.bfnn.org/books/0032htm

佛说观无量寿佛经 道源法师 讲记
https://bookgb.bfnn.org/books/0091.htm

阿阇世王得佛授记 常空法师 讲述
www.anzilin.com/e/action/ShowInfo.php?classid=169&id=996

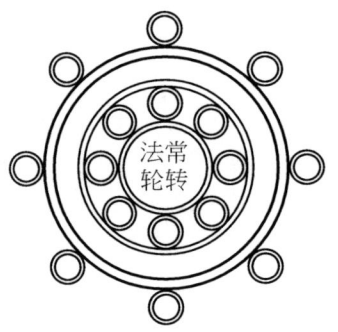

Zeitfracht Medien GmbH
Ferdinand-Jühlke-Straße 7
99095 Erfurt, Deutschland
produktsicherheit@kolibri360.de